Collection « Les Chemins de la Sagesse »
dirigée par Véronique Loiseleur

Le monde
du bouddhisme
tibétain

TENZIN GYATSO

le XIVe Dalaï-Lama

Le monde du bouddhisme tibétain

Sa philosophie et sa pratique

Traduit du tibétain, édité et annoté par Geshe Thupten Jinpa

Traduit de l'anglais par Laurence E. Fritsch

La Table Ronde
7, rue Corneille, Paris 6e

Le traducteur tient à remercier Katia et Ken Holmes pour leur aide précieuse, ainsi que Nicolas Giuseppi pour la relecture attentive de cet ouvrage.

Première édition : Wisdom Publications, Boston, 1995.

ISBN 2-7103-0713-8.

Sommaire

Préface

Après deux premiers titres[1], la Fondation Richard Gere est très honorée de poursuivre son œuvre de soutien pour la publication des livres importants de Sa Sainteté le Dalaï-Lama en collaboration avec Wisdom Publications.

Dans cet ouvrage, remarquablement traduit par Geshe Thupten Jinpa, Sa Sainteté propose un regard global, clair et pénétrant, sur la pratique du bouddhisme tibétain depuis les Quatre Nobles Vérités jusqu'au Yoga Tantra supérieur. Il insiste ici comme toujours sur les pratiques de l'amour, de la bonté et de la responsabilité universelle. Nous invitant à une attention et à une présence au moment, à une vigilance et à un contrôle constants de nos attitudes, de nos actions, de nos motivations, il nous propose de nous engager dans une recherche approfondie de notre fonctionnement mental et dans l'examen des changements positifs à opérer en nous. Voilà une tâche bien difficile ! Peu d'entre nous possèdent le courage immense et la détermination nécessaires à la réalisation de l'état d'éveil de Sâkyamuni, Nâgârjuna, Milarepa, Tsonkhapa et autres saints et héros. Cependant, nous pouvons par une pratique soutenue clarifier nos esprits et ressentir la chaleur de nos cœurs qui s'ouvrent.

Prix Nobel de la Paix en 1989, le Dalaï-Lama est universellement respecté et reconnu comme l'un de nos plus grands amis spirituels. Il est issu d'une lignée ininterrompue remontant au Bouddha historique il y a près de 2 500 ans. Sa longévité de guide, tant spirituel que politique, de quarante-cinq ans est unique à notre époque. Bien souvent il a répété ces mots : « Ma religion est la bonté. »

Depuis l'invasion chinoise du Tibet indépendant en 1950 et sa fuite bouleversante en Inde en 1959, Sa Sainteté est un infatigable défenseur de son peuple qu'il veut protéger d'un génocide systématique qui a tué à ce jour 1,2 million de Tibétains – soit le cinquième de la population du pays avant l'invasion. La compassion sans faille dont elle fait preuve à l'endroit de ceux qui continuent de détruire son pays est la marque d'un bodhisattva authentique et sûr. Cet ouvrage nous est offert comme une opportunité incomparable de prendre contact avec une personnalité exceptionnelle et avec ses enseignements.

La Fondation Richard Gere est fière de s'associer à Sa Sainteté et à son message de responsabilité universelle et de paix. Elle est heureuse de soutenir Wisdom Publications dans ses efforts pour promouvoir leurs idéaux. Puisse cet ouvrage contribuer au bonheur de chacun aujourd'hui et faire germer les racines du bonheur futur de tous les êtres.

RICHARD GERE.

New York.

NOTE DE L'ÉDITEUR. – L'aide apportée par la Fondation Richard Gere à la publication des ouvrages de Sa Sainteté le Dalaï-Lama ne concerne pas la présente édition.

Avant-propos

Au printemps 1988, lors d'une session de quatre jours, Sa Sainteté le Dalaï-Lama a fait une série de conférences sur le bouddhisme tibétain à Londres, sous l'égide de la Fondation pour le Tibet. Comme à son habitude, il donna à ces conférences un style très personnel, relativement informel, sans que cela nuise en aucune façon au sérieux et à la profondeur du traitement du sujet. Avec du recul, il me semble qu'elles marquent un tournant important dans la façon dont Sa Sainteté présente le bouddhisme à un auditoire moderne. Car à cette occasion, il développa une approche originale – et pourtant très perfectionnée – de présentation de la voie bouddhiste. En se fondant sur quatre postulats simples : la vérité de la souffrance ; la vérité de l'origine de la souffrance ; la vérité de la cessation de la souffrance ; la vérité de la voie menant à la cessation de la souffrance, Sa Sainteté développe toute la superstructure du bouddhisme tibétain – sa philosophie et sa pratique – sans oublier la voie ésotérique du bouddhisme Vajrayâna. Il démontre magistralement que tous les aspects de la voie bouddhiste tibétaine peuvent et doivent être perçus comme l'émergence des Quatre Nobles Vérités dans lesquelles, par ailleurs, ils sont fermement enracinés. En résumé, Sa Sainteté nous montre comment le bouddhisme tibétain est, au sens réel du terme, un « bouddhisme complet » et elle nous en convainc. Par voie de conséquence, nous avons là une vue d'ensemble qui allie le regard incisif et pénétrant de Sa Sainteté à une profondeur d'analyse et de réflexion ainsi qu'à sa profonde expérience spirituelle. Sans oublier l'immense portée de son érudition dans tous les domaines de la pensée bouddhiste et ce style très personnel où rayonnent une exubérante joie de vivre et une profonde et authentique affection pour tout et tous.

Ce fut pour moi une joie réelle de travailler à ce projet dont je suis vraiment heureux de faire partager aujourd'hui l'expérience. Bien des gens ont contribué au couronnement de ces efforts. Je voudrais particulièrement remercier Sally Ward pour s'être chargée de la tâche ingrate de transcription des cassettes des conférences et la vénérable Sarah Thresher, mon premier éditeur, qui en a assuré une deuxième lecture en y apportant les nécessaires corrections. Je me tourne également vers mon éditeur, la vénérable Connie Miller, en lui disant ma reconnaissance pour ses commentaires et ses critiques qui ont permis d'améliorer le texte anglais. Enfin, ma gratitude va à Vincent et tout spécialement à Maria Montenegro et à Robert

Chilton pour les heures et les heures de travail qu'ils ont consacrées à cet ouvrage.

Il a fallu du temps pour que ces conférences prennent la forme de ce livre. Et malgré mon souhait de le voir publier rapidement, trois ans ont passé où j'ai étudié à Cambridge de 1989 à 1992. Mais ce retard fut bénéfique par la maturité et la meilleure compréhension des subtilités de nombreux termes philosophiques anglais qu'il m'a été permis d'atteindre. J'en suis redevable à la Fondation Inlaks de Londres et à mes amis Geoff Jukes, Morna White et Isabelle grâce à la générosité desquels j'ai pu étudier en Angleterre.

Je me suis efforcé de refléter ici le plus fidèlement possible les pensées de Sa Sainteté telles qu'elle les aurait exprimées en langue anglaise. Ce fut facilité par la parution en anglais d'extraits de discours du Dalaï-Lama. Et comme ces conférences offrent une vue d'ensemble du bouddhisme tibétain, je me suis attaché à fournir un appareil critique et une bibliographie suffisamment riche pour permettre à ceux qui le souhaitent d'approfondir certains aspects. Pour les mêmes raisons, j'ai compilé un glossaire où l'on trouvera les équivalents sanscrits et tibétains. Dans cette tâche j'ai trouvé une aide inestimable en les personnes suivantes : John Dunne, Sarah McClintock, David Reigle, Venerable Michael Roach et Artemus Engle. Je ne voudrais pas oublier Sophie Boyer pour la relecture complète qu'elle fit du manuscrit avec son regard de laïque.

Je souhaite sincèrement que cet ouvrage apporte la joie dans le cœur de bien des peuples et qu'il permette de mieux apprécier la richesse de la tradition spirituelle tibétaine.

GESHE THUPTEN JINPA.

Gaden, Inde.

Introduction

Frères et sœurs, je suis très heureux d'être parmi vous et de rencontrer des gens qui manifestent un vif intérêt pour les enseignements (Dharma) de Bouddha. Je vois ici quelques visages familiers et suis ravi de passer une nouvelle fois un moment avec vous tous.

Pendant les trois prochains jours, je vais parler de la pensée et de la pratique bouddhistes conformément à la tradition tibétaine. J'aborderai deux thèmes principaux. D'abord dans la première et la troisième parties je présenterai la voie bouddhiste en esquissant les grandes lignes des théories et des pratiques du bouddhisme tibétain. D'habitude, j'explique que le bouddhisme tel qu'il est pratiqué au Tibet est sans doute l'une des formes les plus achevées de cette voie. Elle inclut l'ensemble des enseignements essentiels des traditions variées du bouddhisme existant à ce jour dans les différentes parties du globe. Puisque nombre d'entre vous ont déjà reçu certains enseignements et certaines initiations de la voie tantrique, il me semble qu'une vue d'ensemble vous permettra de structurer votre approche de la voie bouddhiste, d'approfondir votre compréhension et d'affiner votre pratique du dharma.

Le deuxième thème dans la deuxième partie concerne l'attitude altruiste qui caractérise le bodhisattva. A partir du livre de Sântideva, *Bodhicaryâvatâra (Guide de la vie du bodhisattva),* j'apporterai quelques commentaires sur les principaux points du texte et j'insisterai sur les pratiques suivantes : l'amour, la bienveillance et la compassion, auxquelles sont par ailleurs intimement liées les attitudes suivantes : cultiver la tolérance et adopter une attitude appropriée envers son ennemi.

Pendant les trois premiers jours, je ne serai plus le Dalaï-Lama ni Bhiksu Tenzin Gyatso ; je serai le professeur Tenzin Gyatso. Le quatrième jour, lors de la grande initiation de Tara Verte, je redeviendrai Gourou Bhiksu Tenzin Gyatso !

Comme je l'ai déjà dit, certains d'entre nous se connaissent. Mais depuis notre dernière rencontre, nous avons tous vécu des vies bien remplies. Que nous fassions quelque chose de bien et de valable de nos vies ou non, le temps n'attend pas et ne cesse de s'écouler. Non seulement le temps s'écoule inexorablement, mais simultanément nos vies n'arrêtent pas de se dérouler. Si quelque chose a mal tourné, il est impossible de revenir sur ses pas et de recommencer. Dans ce sens, il n'y a pas de véritable deuxième chance. Il est donc essentiel que celui qui a une pratique spirituelle fasse l'examen de ses attitudes et de ses actions. Si nous nous étudions chaque jour avec soin et vigilance, contrôlant nos pensées, nos motivations et leurs manifestations dans notre comportement vis-à-vis d'autrui, un espoir de changement et de perfectionnement peut naître en nous. Bien que je ne puisse moi-même affirmer en toute confiance avoir fait de remarquables progrès au cours des années, mon désir, ma détermination à me transformer et à me perfectionner sont toujours aussi forts. De l'aube au crépuscule, et dans toutes les situations de la vie, j'essaie toujours de vérifier ma motivation et d'être attentif et présent à chaque instant. J'y trouve pour ma part une grande aide.

Pendant ces trois jours, je vais envisager de nombreuses méthodes que l'on peut employer comme des outils permettant de s'étudier, d'entrer sur la voie de la découverte de soi et de son propre développement. Considérez votre esprit et votre corps comme un laboratoire et voyez si vous pouvez faire usage de ces techniques. En d'autres termes, engagez-vous dans une recherche consciencieuse de votre fonctionnement mental et étudiez la possibilité que vous avez d'opérer des changements positifs en vous. C'est ainsi qu'un bouddhiste pratiquant devrait percevoir tous les éléments essentiels de l'enseignement du Bouddha. Il y a également ici certaines personnes qui, si elles ne se considèrent pas comme des bouddhistes pratiquants, sont animées d'un authentique désir d'apprendre plus de choses sur le bouddhisme en général et sur le bouddhisme tibétain en particulier. C'est le cas de tous ceux et toutes celles qui, tout en pratiquant leur propre religion, s'intéressent de très près aux autres traditions spirituelles. Je suis certain pour ma part que ces personnes trouveront dans les enseignements bouddhistes de nombreuses préoccupations communes, telle la méditation ou contemplation sur l'amour et la compassion qui peuvent s'intégrer à leur tradition et à leur propre pratique. Une recherche œcuménique de ce genre ne peut être que bénéfique. Enfin, il se peut que parmi vous certains n'aient pas d'attirance particulière pour la spiritualité mais que leur présence ici soit due à leur curiosité et à leur ouverture d'esprit. Qu'ils s'assoient et écoutent mes paroles comme on assiste à une conférence. Si, dans le cours de mon discours, vous trouvez un point qui vous intéresse, prêtez l'oreille. De la même façon, si rien ne retient votre attention, profitez-en pour vous reposer un moment. Mais je ne vous demande qu'une chose : restez discrets. S'il vous arrive de vous assoupir, prenez garde de ne pas ronfler et de ne pas déranger vos voisins !

PREMIÈRE PARTIE

Le bouddhisme en général

UN

Les divisions des Véhicules

La littérature bouddhiste classique fait mention de systèmes de pensée et de pratiques très variés[2]. Ces systèmes sont appelés *yânas* ou « véhicules » ou « voies ». On y trouve par exemple les différentes voies des êtres humains et divins en plus des véhicules bouddhistes : la Voie de la Libération individuelle (hînayâna), la Voie du Salut universel (mahâyâna) et la Voie du Tantra (vajrayâna). Dans ce contexte, les voies ou « véhicules » des êtres humains et divins font référence à des systèmes qui tracent les grandes lignes de l'apprentissage et des méthodes qui existent tant pour réaliser les aspirations majeures de cette vie-ci que pour obtenir une renaissance favorable en tant qu'être humain ou divin. Ces systèmes mettent souvent l'accent sur l'importance d'un mode de vie qui suit une certaine éthique – fondé sur l'abstention d'engagement dans des actions négatives. Mener une vie droite où le comportement est juste, tel est le facteur essentiel garant d'une renaissance favorable.

Le Bouddha a également parlé d'une autre catégorie de véhicule, le Véhicule de Brahma. Celui-ci comporte principalement les techniques de méditation qui tendent à atteindre la forme de vie la plus élevée possible au sein du samsâra, le cycle des existences conditionnées par le karma. Parmi elles, on note celle qui consiste à désinvestir l'esprit des objets extérieurs, ce qui conduit à un état où l'attention est dirigée sur un seul objet. Les états méditatifs résultant de cette acuité de l'esprit concentré sur un seul objet sont des états altérés de conscience qui correspondent exactement à des états d'existence dans les royaumes de la forme et du sans-forme [3].

Si l'on se place du point de vue bouddhiste, ces différents systèmes sont tous respectables puisqu'ils peuvent tous potentiellement apporter des bienfaits à de nombreuses personnes sensibles. Ceci ne signifie pas pour autant qu'ils sont tous complets et qu'ils se suffisent à eux-mêmes en proposant une voie qui conduit à la pleine libération de la souffrance et du cycle de l'existence. Car on ne pourra parvenir à une authentique liberté comme à une authentique libération que lorsqu'on aura totalement dépassé notre ignorance fondamentale et la mauvaise interprétation que nous faisons d'ordinaire de la nature de la réalité. Cette ignorance qui souligne tous nos états, tant émotionnels que cognitifs, est la racine qui nous lie au cycle perpétuel de la vie et de la mort dans le samsâra. Le système de pensée et la pratique qui proposent une voie parfaite vers la libération de ce lien ont pour nom le Véhicule du Bouddha ou la Voie du Bouddha (buddhayâna).

On y distingue deux principaux systèmes de pensée et de pratique : le Véhicule individuel ou Hînayâna (ou encore Petit Véhicule) et le Véhicule universel ou Mahâyâna (ou encore Grand Véhicule). Le premier comprend le Theravâda, qui reste prédominant dans nombre de pays asiatiques tels que le Sri Lanka, la Thaïlande, la Birmanie ou le Cambodge. La littérature bouddhiste classique divise le Véhicule individuel en deux grandes tendances : la Voie de l'Auditeur et la Voie du Réalisateur solitaire. C'est surtout leur façon d'envisager la doctrine bouddhiste de la vacuité comme son champ d'application qui différencie plus particulièrement le Véhicule individuel du Véhicule universel. Pour le premier, seules sont concernées les relations avec une personne ou avec une identité personnelle et non la relation qui nous lie aux choses et aux événements en général. Tandis que, pour la deuxième, le principe de vacuité, de non-soi n'est pas limité à la personne ; il embrasse tout le spectre existentiel, tous les phénomènes. En d'autres termes, le Véhicule universel comprend la vacuité comme principe universel, ce qui lui donne une bien plus grande profondeur. Si l'on en croit les enseignements du Véhicule universel, le pratiquant ne peut éliminer les illusions et les états d'ignorance qui les sous-tendent que si son expérience est enracinée dans cette dimension universelle. Et c'est l'élimination de ces états d'ignorance qui nous donnera la capacité de couper les racines du samsâra. Bien plus, une intense expérience de la vacuité peut mener à l'expérience ultime du plein éveil, à un état de liberté totale, affranchi des empreintes subtiles et des ombres habituelles que crée une appréhension erronée de la nature de la réalité. Le système de pensée et de pratique qui propose ce regard sur la vacuité, le non-soi est appelé Mahâyâna, Véhicule universel ou Grand Véhicule.

La Voie tantrique, ou Vajrayâna, considérée par la tradition tibétaine comme la voie suprême, fait partie intégrante du Véhicule universel. A des pratiques méditatives destinées à intensifier sa propre réalisation de la vacuité et de *bodhicitta* [4], elle ajoute certaines techniques avancées qui permettent d'intégrer des éléments divers du corps physique dans la pratique méditative. De tels exploits peuvent être accomplis à la suite d'une pratique yogique longue et sophistiquée par laquelle on pénètre par le mental les points essentiels du corps où sont situés les chakras, ou centres d'énergie. Par le biais de cette coordination entre le corps et l'esprit aussi subtile que raffinée, le pratiquant est en mesure d'accélérer le processus qui le conduit à la racine de l'ignorance et de maîtriser les effets et les empreintes de celle-ci, processus qui culmine finalement dans la réalisation de la pleine illumination (du plein éveil). Cette caractéristique – consistant à intégrer à la pratique méditative une coordination tant des éléments psychologiques que du corps physiologique au sein même du yogi – est unique et spécifique à la Voie tantrique.

Je vais maintenant vous donner un aperçu rapide de l'histoire du bouddhisme telle qu'elle nous est aujourd'hui connue. Si l'on en croit le Pandit du Cachemire Sâkya Srî qui vint au Tibet au début du XIIIe siècle, le Bouddha serait né en Inde il y a 2 500 ans. Ceci correspond à la position orthodoxe de la tradition Theravâda mais il existe quelques érudits tibétains pour dire qu'il est venu au monde il y a plus de 3 000 ans [5]. On compte même une troisième version qui date la venue au monde du Bouddha dans le courant du VIIIe siècle avant Jésus-Christ. Lorsque je pense à ces opinions contradictoires concernant ce qui est sans doute la date la plus importante de l'histoire du bouddhisme, je trouve parfois bien embarrassant qu'il n'y ait pas de consensus sur cette question clé : quand notre guide Bouddha Sâkyamuni a-t-il réellement vécu ? Je pense sérieusement qu'il serait utile que des tests scientifiques soient effectués avec tout le respect qu'il convient sur des reliques authentiques du Bouddha. On peut trouver certaines d'entre elles tant au Tibet qu'en Inde et au Népal. Peut-être des expérimentations scientifiques recourant à une technologie sophistiquée et à des substances chimiques modernes pourraient-elles établir avec plus de précision les dates de la vie du Bouddha. Voilà qui serait d'un grand secours. Car si, par le passé, des érudits bouddhistes ont tenté de prouver leur propre version des faits concernant la vie de Bouddha par la logique et l'argumentation, il me semble pour ma part, eu égard à la nature de la question, que ce type de preuves n'a jamais été très probant.

Bien qu'il y ait une controverse sur la date historique de sa naissance, le consensus se fait dans les écrits sur les événements clés de la vie du Bouddha. Nous savons qu'à l'origine, c'était un homme ordinaire comme vous et moi, avec les défauts et les faiblesses inhérents à l'être humain. De sang royal, il vivait dans la famille royale, était marié et père d'un fils. Plus tard, lorsque, de façon inattendue, il rencontra des personnes malades et âgées et lorsqu'il fut confronté à la mort, il perçut la nature fort peu satisfaisante de la souffrance. Profondément troublé par ce qu'il avait vu, le prince quitta le palais et renonça à son mode de vie princier, confortable et protégé. Sa première réaction fut d'adopter le style de vie austère de l'ascète et de s'engager sur la voie des grandes pénitences physiques. Il découvrit plus tard que la voie authentique pour sortir de la souffrance était celle du juste milieu entre les extrêmes, qui sont l'ascétisme pur et dur et la luxure sans limite. Sa recherche spirituelle tendue vers un seul but le conduisit à l'éveil total ou illumination : l'état d'« éveil de Bouddha ».

Je trouve que le récit de la vie du Bouddha est remarquable par l'enseignement que nous pouvons en tirer. Il montre bien que l'être humain possède des potentialités et des capacités immenses. Je pense que les événements qui l'ont mené à l'éveil total offrent un exemple nécessaire et approprié à ceux qui veulent suivre ses pas. En résumé, sa vie pose le postulat suivant : « Voici la façon dont il vous faut avancer sur la voie spirituelle. N'oubliez jamais que l'accomplissement de l'éveil n'est pas une tâche facile. Elle exige du temps, de la volonté et de la persévérance. » C'est pourquoi, dès le tout début, il est capital d'éviter de se bercer d'illusions quant à la facilité et à la douceur de ce chemin. En tant que débutants, vous devez être prêts à affronter les épreuves inhérentes à une quête spirituelle authentique et être déterminés à persévérer dans vos efforts et votre volonté. Il vous faudra anticiper les multiples obstacles que vous rencontrerez sur ce chemin et comprendre que la clé d'une pratique réussie, c'est d'abord de ne jamais perdre votre détermination. Une telle attitude est essentielle. Le récit de la vie du Bouddha est, comme nous l'avons vu, l'histoire d'un homme qui a pu parvenir à l'éveil total parce qu'il avait travaillé avec acharnement à son but et qu'il s'y était entièrement et constamment consacré. Il est comique que nous autres, qui suivons ses pas, croyions parfois qu'il nous sera plus facile et moins douloureux d'atteindre l'éveil total.

DEUX

Le Premier Tour de la Roue du Dharma

LES QUATRE NOBLES VÉRITÉS

Si l'on en croit la légende, après avoir atteint l'éveil total, le Bouddha resta silencieux et ne donna aucun enseignement pendant quarante-neuf jours. La première fois qu'il parla en public, ce fut aux cinq ascètes, compagnons de sa vie de mendiant. Parce qu'il avait compris que l'ascétisme ne libérait pas de la souffrance, le Bouddha – que l'on appelait désormais Siddhârtha Gautama – avait abandonné ses pénitences et faussé compagnie à ses compagnons. Ceux-ci ressentirent ce départ comme une trahison et firent le serment de ne plus se joindre à lui, car à leurs yeux le changement d'attitude de Siddhartha constituait un manquement à son engagement d'ascète. Pourtant, lorsqu'ils le rencontrèrent après son éveil, ils furent spontanément attirés par lui et c'est à eux que Bouddha donna son premier enseignement public au parc des Gazelles à Sarnath[6].

Dans ce discours qui devint célèbre sous le nom de Premier Tour de la Roue du Dharma (Dharma) [7], le Bouddha enseigna les principes des Quatre Nobles Vérités. Comme la plupart d'entre vous le savent probablement, ces Quatre Vérités sont la vérité de la souffrance, la vérité de la cause de la souffrance, la vérité de la cessation de la souffrance et la vérité du chemin qui conduit à la cessation de la souffrance.

Si l'on en croit le sûtra concernant le Premier Tour, le Bouddha enseigna les Quatre Nobles Vérités en abordant trois points principaux : la nature des vérités, leurs fonctions spécifiques et leurs effets ou encore pleine réalisation. Il considère d'abord la nature des vérités individuelles puis explique l'importance de la compréhension des sens spécifiques de chacune des vérités individuelles pour le pratiquant : ce qui veut dire que la souffrance doit être reconnue et sa cause éliminée, qu'il faut rendre effective la cessation de la souffrance et réaliser la voie de la cessation. Quant au troisième point, le Bouddha expliqua le résultat ultime, l'accomplissement total des Quatre Noble Vérités – c'est-à-dire la reconnaissance complète de la souffrance, l'abandon total des causes de la souffrance, la réalisation complète de la cessation de la souffrance et la mise en œuvre totale de la voie qui y conduit. Cet enseignement dessine l'épure du corpus complet de la pensée et de la pratique bouddhistes, et propose une structure fondamentale de la voie individuelle vers l'éveil, aspect que j'aurai l'occasion de développer plus loin.

Ce que nous désirons et recherchons, c'est connaître le bonheur et maîtriser la souffrance. Cette quête est en chacun de nous, elle est innée et aucune justification n'est nécessaire à son existence ou à sa validité. Cependant le bonheur comme la souffrance ne sont pas de génération spontanée. Ils sont les conséquences de causes et de conditions.

En d'autres termes, la doctrine des Quatre Nobles Vérités pose le postulat de la loi de causalité. Sans perdre de vue ce point essentiel, je me fais souvent la remarque suivante : toute la pensée et la pratique bouddhistes peuvent être résumées en deux principes fondamentaux qui sont les suivants :

1. Le regard qu'elles portent sur le monde perçoit la nature interdépendante des phénomènes, ce qui signifie que toutes les choses et tous les événements ont une origine qui les fait dépendre les uns des autres ;
2. Elles sont fondées sur une conduite et un mode de vie non violent qui exclut toute volonté de nuire.

Le bouddhisme défend un comportement de non-violence en se fondant sur deux postulats aussi simples qu'évidents :

1. En tant qu'être sensible, personne ne veut souffrir ;
2. La souffrance naît des causes et des conditions qui l'engendrent.

Les enseignements bouddhistes vont plus loin en affirmant que la racine de la douleur et de la souffrance réside dans notre état d'esprit, ignorant et indiscipliné. C'est la raison pour laquelle, si l'on veut éviter de souffrir, la logique même est d'éviter de se livrer à des actions destructrices qui ont pour conséquences naturelles l'expérimentation de la douleur et de la souffrance. Celles-ci n'existent pas seules et isolées ; elles émergent de causes, sont le résultat de certaines conditions. Seule la compréhension de la nature de la souffrance et de sa relation aux causes qui l'engendrent permet d'appréhender le rôle déterminant que joue le principe de production conditionnée. Par essence, ce dernier postule qu'un effet dépend de sa cause. C'est ainsi que si l'on ne veut pas engendrer certain résultat, il convient de porter ses efforts sur la cessation des causes qui l'engendrent.

Au sein des Quatre Nobles Vérités, on distingue deux étapes dans la causalité. Dans un premier temps, la souffrance est le résultat et l'origine de la souffrance est sa cause. Dans un deuxième temps et de la même manière, la cessation réelle de la souffrance est la paix, qui en est le résultat, et la voie qui y conduit est la cause de cette paix.

Ce n'est que par la purification des esprits que nous pourrons parvenir à ce bonheur et à cette paix durables. Et ceci n'est possible que si nous éradiquons la principale cause de toute souffrance et de toute misère – notre ignorance fondamentale. Cette libération de la souffrance, sa réelle cessation ne peut émerger que lorsqu'on a percé avec succès le voile de l'illusion, créé par notre tendance à nous accrocher à l'existence intrinsèque du phénomène et, par ce biais, lorsqu'on a acquis ce regard aiguisé qui pénètre au cœur de la nature ultime de la réalité. Pour en arriver là, l'individu doit cependant se perfectionner en suivant les trois instructions supérieures [8]. L'entraînement à la vision pénétrante, ou sagesse, agit comme un puissant antidote à l'ignorance et aux désillusions qu'elle entraîne. En d'autres termes, si l'esprit est entraîné à la vision supérieure et qu'à cette instruction s'ajoute une acuité très développée, alors et seulement si ces deux conditions sont réunies, toute l'énergie d'une personne et l'attention de tout son mental peuvent se concentrer sur l'objet choisi pour la méditation sans en être distraites. Par conséquent l'entraînement à la concentration supérieure est une étape indispensable dans la progression vers des niveaux plus élevés de l'application de cette sagesse que l'on peut obtenir par la vision pénétrante. Cependant, afin que les deux instructions – à une concentration et à une vision supérieures – soient couronnées de succès, le pratiquant doit avant tout bien construire les fondations de sa morale en adoptant un mode de vie à dimension éthique.

LES TROIS INSTRUCTIONS SUPÉRIEURES

Comme il existe trois sortes d'instructions supérieures, à l'éthique, à la concentration et à la sagesse, les textes bouddhistes se rejoignent sur trois orientations principales : la discipline, l'ensemble du discours et la connaissance métaphysique. Celui qui est capable de suivre une pratique authentique dans ces trois formations, fondée sur l'étude des trois recueils de textes, et qui est capable de les transmettre, alors celui-là peut être vraiment considéré comme ayant observé le Bouddhadharma. Le sexe n'est pas un argument pour différencier les pratiquants. Le besoin de s'engager dans les trois instructions supérieures est égal, que l'on soit un homme ou une femme. De même que l'importance de l'étude et de la pratique. En revanche, il existe certaines différences dans les règles de la vie monastique, particulièrement dans le domaine de l'éthique et de la discipline.

La pratique de l'éthique est fondée sur un principe de base : s'abstenir de dix actions malsaines : trois d'entre elles se rapportent au corps, quatre à la parole et trois à la pensée.

Les trois fautes relevant du corps sont :

1. Le meurtre : prendre intentionnellement la vie d'un être vivant, qu'il s'agisse d'un être humain, d'un animal ou même d'un insecte ;
2. Le vol : prendre possession de la propriété d'autrui sans son consentement, indépendamment de la valeur vénale des possessions en question ;
3. La mauvaise conduite sexuelle : l'adultère.

Les quatre fautes relevant de la parole sont :

4. Le mensonge : la tromperie d'autrui par le verbe ou le comportement ;
5. La calomnie : semer la discorde en incitant à la division et à la zizanie ;
6. Les paroles injurieuses : médire d'autrui ;

7. Les paroles inutiles : parler sous la motivation du désir et de ses corollaires.

Les trois fautes de l'esprit sont :

8. La convoitise : le désir de posséder ce qui appartient à quelqu'un d'autre ;
9. La méchanceté : la malveillance à l'égard d'autrui, quel que soit le moyen, petit ou grand, utilisé pour le blesser ;
10. Les vues fausses : prétendre que la renaissance, la loi de cause à effet ou les Trois Joyaux[9] n'existent pas. Cette morale associée ici à une éducation spirituelle consistant à adopter un certain mode de vie conforme au code moral des Dix Préceptes est connue sous le nom de « discipline de la libération individuelle », ou prâtimoksa [10].

Concernant la nature et la nomenclature des préceptes, quatre traditions principales ont émergé en Inde ancienne qui se sont plus tard divisées en dix-huit sous-écoles[11]. Chacune des quatre branches principales a sa propre version du Sûtra de la Libération individuelle *(Prâtimoksasûtra)* – le récit traditionnel des conseils du Bouddha en matière de discipline où il énumère les préceptes moraux et ébauche les grandes lignes de la vie monastique. Le monachisme et les règles éthiques qui lui sont afférentes tel qu'il est pratiqué dans la tradition tibétaine est celui de l'école Mûlasarvâstivâdin. Le Sûtra de la Libération individuelle, tel que le présente cette école en langue sanscrite, compte deux cent cinquante-trois préceptes permettant l'accession à l'état de moine pleinement ordonné et trois cent soixante-quatre pour une nonne. Ceci diffère de la tradition Theravâda, où la version en dialecte pâli du Sûtra de la Libération individuelle dénombre deux cent vingt-sept préceptes pour un moine et trois cent onze pour une nonne.

La pratique de la discipline – consistant à préserver les trois portes du corps, de la parole et de l'esprit, et à éviter qu'elles ne s'engagent dans des actions malsaines – rend plus attentif et plus conscient. Deux qualités qui nous gardent des plus grandes manifestations des actions négatives, tant au plan verbal que physique, et qui nous préservent des faits destructeurs pour nous et pour autrui. C'est la raison pour laquelle la discipline est le fondement de la voie bouddhiste.

La deuxième étape est celle de la méditation, c'est-à-dire de l'entraînement à une concentration supérieure. Lorsqu'on parle de méditation au sens général où le bouddhisme l'entend, on fait référence à deux principaux types de technique – la méditation d'absorption et la méditation analytique. La première fait essentiellement référence à des états méditatifs où l'on « demeure tranquillement » dans la paix de l'esprit et aux différentes techniques y afférents[12]. Elle se caractérise par l'acuité de l'esprit concentré sur un seul objet et la qualité d'absorption qu'elle génère. La méditation analytique recourt à des états méditatifs moins pénétrants quant au mode d'engagement envers l'objet de la méditation. Elle comprend des pratiques qui ne sont pas associées à une pure et simple acuité de concentration mais bien principalement à une analyse plus profonde. Néanmoins, dans un cas comme dans l'autre, l'essentiel est de s'installer fermement dans l'attention et la vigilance – des facultés qui naissent, comme nous l'avons vu, d'une discipline saine et d'un comportement éthique. Même dans la vie de tous les jours, il ne faut pas mésestimer l'importance de leur rôle.

En résumé, lorsqu'on s'engage dans la pratique de la discipline, on pose les fondations de notre développement mental et spirituel. Lorsqu'on s'engage dans la pratique complémentaire de la concentration, en tournant notre esprit vers un but supérieur, nous nous préparons à un entraînement supérieur, celui de la vision pénétrante, c'est-à-dire de la sagesse. La faculté de focalisation sur un seul objet, issue de la concentration, nous donne la capacité de canaliser toute notre attention et toute l'énergie de notre mental vers un objet choisi. Puis, sur cette base bien solide, il est possible d'engendrer une vision authentique qui pénètre au cœur de la nature ultime de la réalité. Cette vision est le seul antidote direct et efficace à l'ignorance. Elle est par ailleurs la seule à pouvoir éradiquer notre méconnaissance fondamentale et les états émotionnels et cognitifs qui en découlent.

LES TRENTE-SEPT ASPECTS DE LA VOIE VERS L'ÉVEIL

La structure générale de la voie bouddhiste est présentée dans le Premier Tour de la Roue du Dharma sous l'appellation des trente-sept aspects de la voie vers l'éveil, eux-mêmes divisés en sept catégories. D'abord, on trouve les *quatre attentions*, c'est-à-dire l'attention au corps, aux sensations, à l'esprit et aux phénomènes[13]. Le terme « attention » se réfère ici à des pratiques contemplatives qui convergent vers la nature fondamentalement insatisfaisante du samsâra et vers l'aspect transitoire de notre condition, cycle perpétuel des schémas de pensée et de comportement qui sont les nôtres. Grâce à ces réflexions, le pratiquant développe une authentique détermination à se libérer du cycle des existences conditionnées.

Viennent ensuite les *quatre renoncements parfaits*, ainsi nommés du fait que les pratiquants qui ont éprouvé la sincérité de leur détermination s'engagent dans un mode de vie où ils abandonnent les causes de leur souffrance future et cultivent celles de leur bonheur à venir. Ainsi, les quatre abandons sont : l'abandon des pensées et des actions que l'on a déjà générées, la non-conception de pensées et d'actions malsaines qui ne sont pas encore générées, l'embellissement des pensées et des actions saines déjà générées, le développement de pensées et d'actions saines non encore générées.

Puisque vous pouvez vaincre les actions négatives et les émotions affligeantes les motivant et ainsi accroître les facteurs positifs de votre esprit – techniquement appelés classe des purs phénomènes – ce n'est que lorsque votre esprit est très concentré que peuvent surgir les *quatre facteurs des pouvoirs miraculeux*. Ils sont liés plus spécifiquement à la pratique consistant à développer notre faculté de focalisation sur un seul objet. On dit encore que ce sont les quatre « jambes » dans la mesure où ce sont les quatre facteurs préalables nécessaires pour que le pratiquant atteigne l'absorption sans laquelle il ne peut y avoir de manifestations surnaturelles. Celles-ci sont les pouvoirs miraculeux de l'intention, de l'effort, des désirs justes et des connaissances analytiques.

La quatrième catégorie comprend les *cinq facultés* et la cinquième catégorie les *cinq pouvoirs*. Dans chacune d'elles, nous trouvons une liste identique : confiance, effort joyeux, attention, acuité et intelligence. La distinction que l'on fait ici entre faculté et pouvoir dépend uniquement du degré d'aptitude du pratiquant : lorsque celui-ci pratique assez couramment une de ces qualités, elle devient pouvoir.

Puis viennent les *sept branches de la voie de l'éveil* : l'attention parfaite, l'analyse parfaite, l'effort parfait, la joie parfaite, la souplesse parfaite, la parfaite stabilisation de la méditation (ou parfait samadhi) et la parfaite égalité d'humeur.

Enfin, on trouve le Noble Octuple Sentier : la compréhension (ou vision) juste, l'intention (ou pensée) juste, la parole juste, l'action juste, le comportement (ou moyens d'existence) juste, l'effort juste, l'attention (ou mémoire) juste et la concentration juste.

Telle est donc la structure générale de la voie bouddhiste telle qu'elle est mise en mouvement dans le Premier Tour de la Roue du Dharma par le Bouddha. Le bouddhisme, tel qu'il est pratiqué dans la tradition tibétaine, incorpore tous ces éléments de la doctrine.

TROIS

Le Deuxième Tour : la doctrine de la vacuité

Dans le Deuxième Tour de la Roue du Dharma prononcé au Pic des Vautours[14], le Bouddha enseigna les sûtras de la sagesse – le recueil de sûtras connu aujourd'hui sous le nom de *Perfection de la Sagesse (Prajnâpâramitâ)*. Ils traitent plus particulièrement de la vacuité et des états transcendants associés à l'expérience de celle-ci [15]. Le Deuxième Tour développe les sujets abordés dans le Premier Tour de la Roue.

Dans ce dernier, en effet, le Bouddha enseigne l'importance de la reconnaissance des fondements insatisfaisants de notre propre existence, des souffrances et des douleurs inhérentes à l'existence interdépendante que nous menons. Dans le Deuxième Tour, il insiste et encourage le pratiquant à élargir son champ d'investigation sur la nature de la souffrance de façon à embrasser tous les autres êtres sensibles.

C'est la raison pour laquelle le Deuxième Tour offre une vision et un champ d'application plus largement ouverts.

Il est également plus intelligible quant à la façon d'envisager la cause de la souffrance. Le Sûtra de la Sagesse ne se contente pas de traiter de l'ignorance et de l'attachement ; il identifie clairement et en détail les formes variées de l'illusion. Celles-ci sont subtiles et nous empêchent de voir la réalité d'une façon non entachée par notre tendance naturelle à s'accrocher à l'existence inhérente de tous les phénomènes. Si l'on voit les choses de ce point de vue, l'origine de la souffrance ne se trouve pas seulement dans les facteurs conscients et évidents de l'ignorance et de l'attachement : elle se situe aussi dans les empreintes bien plus subtiles des manifestations de nos illusions.

Le Deuxième Tour approfondit encore un autre point : la Troisième Noble Vérité, la cessation, prend là toute sa dimension dans sa complexité. A la différence du Premier Tour, nous trouvons ici une profusion de détails dans l'étude de la nature de la cessation en règle générale, ses caractéristiques spécifiques, et ainsi de suite.

Il en va de même pour la Quatrième Noble Vérité qui traite des voies véritables. En ce qui concerne la voie véritable vers l'éveil, le Bouddha enseigne dans le Deuxième Tour une voie unique fondée sur le développement d'une intelligence profonde au cœur de la vacuité ou de l'altruisme, véritable mode d'être de toute apparence. Elle a pour base la compassion universelle et bodhicitta – l'aspiration altruiste que l'on a d'atteindre l'éveil pour le bien de tous les êtres. Cette attitude est caractéristique de l'entraînement tel que le conçoit le Mahâyâna ou Grand Véhicule. La combinaison de la vision de la vacuité et de l'accomplissement de bodhicitta forme l'union parfaite de la sagesse et des moyens permettant d'y accéder. La sagesse fait ici référence principalement à l'expérience de la vacuité tandis que la méthode se rapporte plutôt à la motivation altruiste, vecteur de la sagesse vers l'accomplissement de ses idéaux compassionnels. C'est cette voie d'union qu'enseigne le Deuxième Tour de la Roue du Dharma.

Pourquoi y a-t-il plus de profondeur dans ce Tour-ci ? Prétendre que le Deuxième Tour enseigne certaines caractéristiques que l'on ne trouve pas dans le Premier Tour n'est pas suffisant. La véritable raison n'est pas là. Voici le point important : les sûtras de la sagesse ne se contentent pas d'étudier certains aspects des Quatre Nobles Vérités, ils vont plus loin et élargissent leur vision aux ramifications plus larges du principe de causalité qui les sous-tend. Bien plus, le Deuxième Tour prend sa source dans la structure de la voie telle que la présente le Premier Tour. Et c'est sur cette base que j'affirme que le Sûtra de la Sagesse est plus facile à comprendre quand il aborde les Quatre Nobles Vérités. Parce qu'il consacre plus de place à la vacuité – c'est-à-dire au manque de réalité ou encore d'identité intrinsèque de tout phénomène –, le Deuxième Tour de la Roue est connu comme « la

Roue du Dharma concernant l'absence de caractéristiques intrinsèques ».

En outre, les enseignements du Deuxième Tour que l'on trouve dans les sûtras de la sagesse, présentent certaines théories qui semblent contredire la structure générale de la voie telle qu'elle est présentée dans le Premier Tour. C'est la raison pour laquelle le bouddhisme Mahâyâna distingue deux catégories d'écritures canoniques : les *écritures sujettes à interprétation* – dont le sens considéré comme provisoire requiert des interprétations au-delà de leur signification littérale et les *écritures définitives* dont le premier aspect, la valeur littérale est véridique. Dans cette approche herméneutique, un principe du Mahâyâna est fondamental, il est celui des quatre confiances :

1. Confiance dans l'enseignement et non dans le maître ;
2. Confiance dans le sens et non dans le mot qui l'exprime ;
3. Confiance dans le sens définitif et non dans le sens provisoire ;
4. Confiance dans la sagesse transcendante de l'expérience profonde et non du savoir[16].

Le premier de ces principes affirme que, lorsqu'on écoute un enseignement ou qu'on lit un texte, on ne doit pas juger la validité de ce qui est dit par rapport à la renommée de celui qui parle, de sa richesse, de sa position ni de sa puissance mais bien par rapport au mérite de l'enseignement lui-même. Quant au deuxième principe, il dit que pour juger un travail, il ne faut pas se fonder sur son style mais bien sur la profondeur avec laquelle le sujet est traité. Le troisième principe prescrit de ne pas s'attacher au sens provisoire d'un texte pour juger de sa validité mais bien au fondement de son sens définitif. Enfin, le quatrième principe pose que, même si vous avez foi dans la version définitive, cette foi doit être fondée sur la force de la sagesse et la compréhension vécue et non sur de pures constructions intellectuelles. On trouve en effet dans les propres paroles du Bouddha des indications sur cette façon de voir les choses lorsqu'il donne le conseil suivant :

O bhiksus et hommes sages,
Tout comme un orfèvre testerait son or
En le brûlant, en le coupant et en le frottant,
Il vous faut examiner mes paroles et les accepter,
Indépendamment du respect que vous me vouez[17].

En substance, on peut dire que dans le Deuxième Tour de la Roue – comme l'exposent les sûtras de la perfection de la sagesse –, le Bouddha approfondit la doctrine de la cessation, en précisant et en développant celle de la vacuité. Cette approche herméneutique nous permet de souligner les significations implicites des divers sûtras. Par exemple, bien que le sujet traité dans les sûtras de la sagesse soit explicitement la vacuité, on peut également en faire une lecture implicite, en chercher les propositions virtuelles. On s'aperçoit alors que ce texte traite des différents niveaux d'expérience transcendante associée à la réalisation de la vacuité ; c'est-à-dire des étapes progressives du développement tout au long de la voie qui conduit vers l'éveil. Ce sens est connu pour être le sens caché, implicite, des sûtras de la sagesse.

QUATRE

Le Troisième Tour de la Roue du Dharma : la nature de Bouddha

Le Troisième Tour de la Roue du Dharma comprend différents sûtras, dont le plus important est sans doute le *Sûtra de l'Essence de Tathâgata (Tathâgatagarbhasûtra)* qui décrit la potentialité innée que nous avons de pouvoir atteindre l'éveil, c'est-à-dire notre essence de « bouddhéité », la nature de Bouddha. Ce sûtra est en fait à l'origine de la série de chants de Nâgârjuna[18] ainsi que du traité de Maitreya qui s'appelle le *Mahayâna-Uttaratantrasâstra (La Continuité sublime du Grand Véhicule)* [19]. Dans ce sûtra, le Bouddha approfondit encore les principaux thèmes abordés dans le Deuxième Tour, c'est-à-dire la doctrine de la vacuité et les expériences transcendantes associées à sa réalisation au sein du chemin individuel vers l'éveil. Néanmoins, dans la mesure où la nature de la vacuité – vacuité de l'existence inhérente à tout phénomène – a déjà été largement explicitée dans sa dimension la plus subtile et la plus aboutie, on ne peut trouver ici d'étude plus fine. L'originalité de ce Troisième Tour réside donc dans le fait qu'il présente des techniques méditatives particulières destinées à augmenter la sagesse née de la réalisation de la vacuité, ainsi que dans l'examen qu'il fait d'un point de vue subjectif des nombreux obstacles pouvant perturber celui qui fait l'expérience de cette sagesse.

Il existe encore une autre catégorie de sûtras appartenant au Troisième Tour de la Roue. Le sûtra principal en est le *Sûtra qui démêle la Pensée du Bouddha (Samdhinirmocanasûtra).* Le Bouddha y réconcilie les deux pôles d'une contradiction apparente ; celle qui oppose certaines assertions du Premier Tour attribuant une identité intrinsèque aux phénomènes d'une part, et son refus explicite de l'identité intrinsèque telle qu'elle apparaît dans le Deuxième Tour, d'autre part. Il clarifie donc la doctrine de la vacuité, ou de la non-identité, et montre comment l'appliquer indifféremment à plusieurs catégories de phénomènes. On peut ainsi comprendre l'existence suivant une classification en trois points : les phénomènes imputés, les phénomènes dépendants et les phénomènes parfaitement établis ou phénomènes ultimes. Les *phénomènes imputés* n'existent que sous la forme de concepts attribués à d'autres entités possédant une réalité plus autonome. Ils comprennent les entités abstraites, comme l'universel, le relationnel, les phénomènes négatifs (par exemple l'absence pure et simple de quelque chose) et ainsi de suite. Les *phéno-*

mènes dépendants font référence à tous les événements et toutes les choses qui apparaissent et sont le résultat de causes et de conditions. La troisième catégorie enfin, celle des *phénomènes parfaitement établis*, se rapporte au mode ultime d'être de tout phénomène, c'est-à-dire la vacuité.

On peut voir les choses d'une autre façon et distinguer les trois catégories ci-dessus du point de vue de la nature universelle de tous les phénomènes. Elles deviennent alors, respectivement, la nature désignée, la nature dépendante et la nature parfaitement établie. A ces trois natures correspondent des significations différentes données au terme même d'absence d'identité. Les phénomènes imputés n'ont pas d'identité intrinsèque, les phénomènes dépendants n'ont pas d'identité par eux-mêmes. Quant aux phénomènes parfaitement établis, ils n'ont pas d'identité ultime. C'est pour ces raisons que l'on appelle le Troisième Tour de la Roue « la Roue du Dharma qui explicite clairement les distinctions ».

Cette façon de comprendre et de présenter la doctrine de la non-identité, spécifique au Troisième Tour de la Roue, et qui marque une légère contradiction avec la version des sûtras de la sagesse, peut être considérée comme une construction exceptionnellement habile de la part du Bouddha. Quand le Deuxième Tour décrivait la non-identité comme une doctrine universelle exprimée en termes de vacuité de l'existence inhérente à tout phénomène, il donnait une vision de la vacuité trop extrême pour nombre de pratiquants, et hors de leur portée. Ceux-ci pouvant comprendre l'absence d'existence inhérente des phénomènes comme la négation complète de leur existence. Dans leur esprit, l'absence d'existence inhérente pouvait équivaloir à une non-existence. C'est ainsi que le Bouddha s'est adapté aux aptitudes mentales et aux dispositions d'esprit d'un certain type de pratiquant en donnant l'enseignement des sûtras du Troisième Tour, particulièrement le *Sûtra qui expose clairement la Pensée du Bouddha.* De cette distinction entre deux façons d'interpréter la doctrine de la vacuité issue des sûtras de la sagesse sont nées en Inde les deux principales écoles du bouddhisme Mahâyâna : la Voie du Milieu ou Madhyamaka et celle du « Tout Esprit » ou Cittamâtra.

La tradition bouddhiste tibétaine comprend également un système de pensée et de pratique très avancé : le tantra. Il me semble qu'il a quelque rapport avec le Troisième Tour de la Roue. Le mot *tantra* signifie littéralement *continuité* ou *lignée.* Le Tantra de la Pointe *(du summum)* du Vajra *(Vajrasekharamahâguhyayogatantra),* un des textes fondateurs du yoga tantra, décrit le tantra comme une continuité se référant principalement à la continuité de l'esprit ou de la conscience :

> *« Tantra » est connu en tant que continuité :*
> *Samsâra est considéré comme un tantra.*
> *« Plus tard » signifie au-delà :*
> *Nirvâna est l'ultime tantra*[20].

Dans un premier temps, on peut dire que la continuité mentale est la base de notre identité propre, celle qui est la nôtre, en tant que personne. Elle est la base de cette continuité qui – au plan très ordinaire – nous pousse à commettre des actions contaminées et nous entraîne dans le cercle vicieux de la mort et de la renaissance. Sur la voie spirituelle, c'est aussi sur la base de cette continuité de la conscience que nous pouvons nous améliorer et faire l'expérience d'accomplissements supérieurs sur la voie. En fin de compte, c'est toujours en se fondant sur cette même base – que l'on identifie souvent à notre « nature de bouddha » – que nous sommes en mesure d'atteindre les plans de conscience ultimes de l'omniscience. En d'autres termes, le samsâra – l'existence interdépendante que nous vivons dans le cycle perpétuel de nos inclinations habituelles ou cycle de continuité –, tout comme le nirvâna – la délivrance réelle de ce cycle –, ne sont rien d'autre que des manifestations différentes de cette continuité fondamentale. Ainsi, la continuité de la conscience est toujours présente. Tel est le sens de tantra, la continuité.

Je ressens ici un lien étroit entre les enseignements du tantra et le Troisième Tour de Roue du Bouddha. Comme on peut le voir, le tantra est un système de pensée et de pratique destiné principalement à manifester les potentialités qui sommeillent en la continuité fondamentale de notre conscience. Tel est également le propos ultime de l'enseignement du Troisième Tour de la Roue.

En effet, si nous venons à examiner de près les enseignements des Deuxième et Troisième Tours de la Roue, nous observons des traits signifiants annonciateurs de la Voie tantrique. Car si on les met ensemble, tous deux construisent un pont entre les enseignements des sûtras et ceux des tantras. Le principe herméneutique consistant à mettre d'accord deux lectures distinctes des sûtras de la sagesse – la lecture explicite de la doctrine de la vacuité et la lecture implicite montrant les différentes étapes de la voie associée à l'expérience individuelle de la vacuité – ouvre la voie à un autre regard : un regard qui accepte qu'il puisse exister plusieurs interprétations d'un seul texte, ce qui est essentiel si l'on veut comprendre les écritures tantriques. De la même façon, parce qu'il aborde les différents niveaux de subtilité de l'expérience individuelle de la vacuité au plan subjectif, le Troisième Tour ouvre la voie à l'étude tantrique des nombreux niveaux de subtilité de la conscience individuelle et de leur application respective aux différents états transcendants [21].

CINQ

Différentes explications possibles de la doctrine du non-soi

D'un point de vue philosophique, il existe un critère fondamental pour qu'une école adhère au bouddhisme : il faut qu'elle accepte quatre principes fondamentaux, plus connus sous le nom des Quatre Sceaux :

Tous les phénomènes composés sont impermanents ;
Tout ce qui est corrompu n'est pas satisfaisant ;
Tous les phénomènes sont vides [22] *et sans soi ;*
Le nirvâna est la paix véritable.

Tout système adhérant à ces Quatre Sceaux est, d'un point de vue philosophique, une école de pensée bouddhiste. Cependant, c'est dans les écoles

Mahâyâna (Cittamâtra et Madhyamaka) que l'on explique dans sa dimension la plus profonde et secrète le principe du non-soi – la vacuité de l'existence du soi.

Comme nous l'avons vu, parmi les approches de ce principe, il existe deux démarches principales : le Hînayâna et le Mahâyâna. Les écoles du premier, le Véhicule individuel ou encore Petit Véhicule (Vaibhâsika et Sautrântika), adhèrent à la vision du non-soi de l'individu telle qu'elle est enseignée dans le Premier Tour de la Roue du Dharma tandis que les adeptes du deuxième courant adoptent le point de vue plus large de la vacuité contenu dans les sûtras de la sagesse du Deuxième Tour de la Roue du Dharma. Afin d'apprécier la différence de subtilité entre ces deux approches sur le non-soi, tournons-nous vers notre propre expérience et sur la façon dont nous entretenons des relations avec les autres et avec le monde. Prenons un exemple. Lorsque je compte les perles de ce mala ou que je joue avec, j'ai la sensation, très naturelle, qu'il est à moi. Il y a là – à un certain degré – un attachement, fondé sur la notion du « ceci est à moi ». Si vous étudiez la façon dont vous êtes attaché à vos possessions, vous constaterez qu'il existe différents niveaux d'attachement. Pour ne prendre que l'expérience de ce seul état d'ordre émotionnel qu'est justement l'attachement, nous voyons qu'elle prend place dans un réseau complexe d'expérience cognitive et émotionnelle. A un certain niveau, nous avons l'impression qu'elles existent, qu'elles ont une substance, qu'elles sont en quelque sorte une personne se suffisant à elle-même, totalement indépendante en apparence, séparée de mon corps et de mon esprit, le mala est alors perçu du point de vue de cette unité, de ce soi indépendant et fixe qui est aussi le « je ». Par le biais de la méditation, dès que l'on perçoit l'absence d'un soi qui se suffit à lui-même, de la personne comme substance, on commence graduellement à relâcher la fixation qui nous attache à nos amis et à nos possessions. Grâce à cette technique, il est possible de venir à bout des attachements qui nous affectent, en relâchant notre prise sur notre propre identité figée en tant que sujet. Cette technique aura pour effet final une libération définitive. Tant que cette approche laisse intacte l'appréhension que nous avons des objets extérieurs – qui conservent leur identité intrinsèque, objective –, certains niveaux subtils d'attachement dont elle est le fondement restent intouchés. Prenons un exemple. Lorsqu'on voit une belle fleur, nous sommes naturellement inclinés à projeter sur elle des qualités telles que la beauté et la bonté, qui existent bien par elles-mêmes et possèdent un statut objectif. C'est la raison pour laquelle, dans le Deuxième Tour de la Roue du Dharma, le Bouddha élargit le principe du non-soi à l'éventail de la réalité, à toutes les choses et à tous les événements. Ce n'est qu'en accomplissant le principe de la vacuité dans ce qu'il a d'universel que nous surmonterons les différents niveaux des états illusoires de l'esprit.

Pour mieux apprécier encore cette subtilité, réfléchissons à ce que dit Candrakîrti dans *Madhyamakâvatâra (Entrée dans la Voie du Milieu)* :

« Le méditant qui a réalisé l'absence de soi (simplement comme non-existence d'un soi éternel) ne comprendrait pas la réalité de la forme et les autres (agrégats tels qu'ils sont exprimés dans la vérité du sens supérieur). A ce titre, l'attachement comme les autres afflictions continueraient d'exister car elles naîtraient de cette idée fausse qu'il a de la forme, et il ne comprendrait pas la nature (c'est-à-dire la vacuité) de la forme et des autres agrégats [23]. »

Dans ce passage, Candrakîrti explique que la doctrine du non-soi telle qu'elle est exposée par les tenants de l'école inférieure, ou Hînayâna, n'est pas complète. En effet, de leur point de vue, le principe est limité à la seule personne et ne concerne que l'étude de l'identité d'un individu. Bien plus, on n'entend cette absence de soi que dans le sens suivant : absence d'une existence substantielle et possédant une identité distincte se suffisant à elle-même. Comme on l'a mentionné plus haut, même lorsqu'on atteint la vision pénétrante de ce niveau de la vacuité, du non-soi, on est encore dans l'incapacité de surmonter l'attachement subtil qui nous retient aux objets extérieurs et, par là même, à notre propre identité.

Bien que toutes les écoles de pensée bouddhistes acceptent le principe du non-soi, elles présentent des différences notables dans leur façon de comprendre cette doctrine. Et il est clair que la présentation qu'en font les écoles supérieures est plus pénétrante que celle des écoles inférieures. La réalisation de la vacuité, telle qu'exprimée, ne correspond pas à la pleine réalisation de ce principe. Même si l'on peut penser à une personne comme à une entité sans existence substantielle et auto-suffisante, il reste encore de la place pour s'attacher à son propre soi, celui qui possède une identité intrinsèque ou existence inhérente. D'autre part, si on réalise l'absence d'identité intrinsèque de la personne – au sens où celle-ci manque foncièrement de nature indépendante ou d'existence propre sous quelque forme que ce soit –, cela exclut d'appréhender la personne comme une entité qui se suffit à elle-même.

Sachant que la négation de l'identité du soi est beaucoup plus radicale chez les écoles supérieures, constater le non-soi en accord avec cette vision acquiert naturellement plus de pouvoir pour contrer tant les illusions que les idées fausses qui appréhendent les phénomènes comme une existence inhérente et les considèrent comme véritables et authentiques.

Cependant il faut insister sur le fait que la doctrine de la vacuité ne dénie en aucun cas l'existence conventionnelle des phénomènes : la réalité de notre monde conventionnel, entendue dans le cadre à l'intérieur duquel toutes les fonctions de la réalité opèrent valablement – comme la causalité, la relation, la négation, etc. –, reste intacte et indemne. Ce qui est détruit, c'est la fiction matérialisée, née de notre tendance à s'attacher aux phénomènes comme s'ils avaient une existence propre.

Ces visions divergentes des différentes écoles sur la nature du non-soi doivent pourtant toutes être perçues et réintégrées au sein d'un ensemble cohérent : une vision conduit progressivement vers une autre vision, comme une marche conduit naturellement à la suivante lorsqu'on monte un escalier. Cette compréhension – au sens de « prendre ensemble » – est accessible si l'on étudie les différentes visions du non-soi dans la perspective beaucoup plus large de la conception bouddhiste fondamentale de la « production conditionnée ». Celle-ci fait ici référence au principe d'interdépendance qui gouverne la relation entre les causes et leurs résultats, spécialement celles qui affectent notre expérience de la souffrance et du bonheur. Dans la littérature classique, ce principe est expliqué par l'analogie des douze anneaux de la chaîne de l'interdépendance [24]. Tous ensemble, ils forment les facteurs qui accomplissent un cas de naissance dans l'existence karmique ou, en d'autres termes, dans le samsâra. Le principe de l'interdépendance est fondamental dans la vision bouddhiste, et toute interprétation de la doctrine du non-soi qui ne percevrait pas la vacuité en ces termes ne peut aboutir. En fait, plus votre déni de l'existence véritable devient subtil, plus votre conviction de l'efficacité du monde relatif se renforce. En substance, l'authentique accomplissement de la vacuité raffermit votre conviction de la nature interdépendante des choses et des événements, et cette compréhension de l'interdépendance affermit encore votre observation de la vacuité de tous les phénomènes.

Néanmoins, puisque les gens montrent des dispositions mentales variées avec des centres d'intérêt comme des degrés d'intelligence qui diffèrent, la vision de la vacuité telle que nous venons de la décrire – la vacuité de l'existence propre – ne peut correspondre aux aptitudes de tous les élèves. Il est possible que pour quelques-uns d'entre eux l'absence d'existence propre soit synonyme, au pied de la lettre, de non-existence. Si cela devait se produire, il faut craindre de tomber dans le grave danger de l'extrême, en l'occurrence le nihilisme. Pour l'éviter, le Bouddha enseigna des visions moins subtiles du non-soi, qui peuvent habilement mener le pratiquant à apprécier éventuellement la doctrine de la vacuité à son niveau plus subtil. Si l'on se place du point de vue des écoles supérieures et qu'on soumet leur façon de voir aux écoles inférieures, on constatera qu'il n'y a pas de contradiction ni d'illogismes dans les doctrines des écoles supérieures. En revanche, si l'on étudie les principes édictés par les écoles inférieures en s'appuyant sur la démarche philosophique des écoles supérieures, on observe certaines incohérences et des prémices indéfendables chez les premières.

SIX

Les Quatre Sceaux du bouddhisme

Les Quatre Sceaux, qui sont des axiomes communs à toutes les écoles du bouddhisme, revêtent un sens profond pour le pratiquant. Comme on l'a déjà expliqué précédemment, le premier sceau affirme que tous les phénomènes composés sont impermanents. La nature de l'impermanence est étudiée exhaustivement dans les textes de l'école Sautrântika. De ce point de vue, tous les phénomènes composés sont impermanents du fait qu'ils sont momentanés : les conditions qui les font naître sont également la cause de leur désintégration. Tout ce qui naît en résultat d'autres facteurs n'a pas besoin d'être conditionné une deuxième fois pour être désintégré. Au moment même de la naissance, le processus de désintégration a déjà commencé. En d'autres termes, le mécanisme de la cessation est intégré au système et c'est comme si les choses et les événements portaient la graine de leur propre mort à venir. La raison en est que tout ce qui est produit par des causes est mû par un pouvoir qui lui est extérieur : son existence même est dépendante d'autres facteurs. Cette vision bouddhiste des phénomènes comme étant dynamiques et momentanés – conséquence logique du principe de l'impermanence universelle – est très proche de celle d'un univers physique dynamique et constamment changeant tel que le présente la science moderne.

Le Deuxième Sceau affirme que tous les phénomènes conditionnés sont, par nature, insatisfaisants, douloureux. Dans ce contexte, *phénomènes conditionnés* fait référence à toutes les choses, tous les événements, toutes les expériences qui sont le produit d'actions non conditionnées, et à toutes les illusions qu'elles engendrent. Comme on l'a expliqué précédemment, tout ce qui est produit est mû par un pouvoir extérieur, contrôlé par des facteurs autres que soi-même – tels que les causes et les conditions qui l'engendrent. Ces *causes* sont notre ignorance fondamentale, les émotions qui nous affligent, les événements qui nous permettent de connaître, ainsi que les actions conditionnées. L'ignorance ne doit pas être considérée comme un état de passivité et de pure inconscience, au sens de n'être pas conscient, il s'agit plutôt d'un état d'esprit illusoire, d'une idée fausse que l'on se fait fondamentalement de la nature de la réalité. Certains maîtres indiens l'expliquent bien comme Dharmakîrti et Vasubandhu. Ce dernier nous dit, dans l'*Abhidarmakosa (Le Trésor de la Connais-*

sance), que l'ignorance n'est pas simplement l'absence de connaissance mais bien l'antithèse de celle-ci : c'est une méconnaissance, une idée fausse, une force qui s'oppose activement à la connaissance comme l'hostilité s'oppose à l'amitié et le faux au vrai [25].

Aussi longtemps que des êtres vivants seront placés sous l'emprise de ces forces d'ignorance, la souffrance et l'insatisfaction continueront de faire partie intégrante de leur mode d'être. Et il ne faudrait pas croire que cette notion de souffrance, ou duhkha, ne se réfère qu'à des souffrances physiques ou mentales : il est extrêmement important de se rappeler que les expériences intérieures de chagrin, de malaise ou de mécontentement sont également de la souffrance.

Méditer sur ces deux caractéristiques de l'existence conditionnée – l'impermanence et la souffrance – permet de parvenir à une renonciation authentique et véritable qui mûrisse le désir spontané de se libérer de l'asservissement de cette douleur. La question qui se pose est la suivante : un individu peut-il atteindre un tel état de délivrance ? C'est alors que s'impose le sens du Troisième Sceau. Celui-ci affirme que tous les phénomènes sont vides d'existence propre. Le chemin qui mène de l'impermanence et de l'insatisfaction à la vacuité est tout à fait évident. Nous savons grâce au principe de l'interdépendance que les choses et les événements ne peuvent pas naître sans qu'une cause les engendre. Nous savons également que la souffrance et les actes contaminés sont induits par ces causes. La racine secrète de toutes ces illusions est l'ignorance fondamentale qui se fait une fausse idée de la nature de la réalité. Cette ignorance est un état de méprise. Et de ce fait, elle n'a aucun fondement valable dans notre expérience vécue comme dans la réalité. En fait, elle appréhende la réalité d'une façon qui est contradictoire avec celle dont les choses se passent réellement. De cette erreur découle une façon d'être, un état d'esprit erroné et tourmenté. Ce qui nous ouvre la voie pour l'éradiquer. Nous pouvons y parvenir en générant une vision profonde qui pénètre l'illusion née de cette méprise. La cessation véritable est l'état délivré, libéré de cette perception déformée du monde. C'est une réalité que vous pouvez faire naître au sein de votre propre continuum mental. Il ne s'agit pas là de pur idéal mais bien d'une paix véritable. A partir de là, le Quatrième Sceau – nirvâna est la vraie paix – est aussi également applicable à votre pratique.

SEPT

La voie du Mahâyâna : vacuité et compassion

LA LECTURE DES TEXTES DU MAHÂYÂNA : CE QUI EST DÉFINITIF ET CE QUI EST INTERPRÉTABLE

Si l'on réfléchit aux concepts que je viens d'exposer, on s'aperçoit que le premier enseignement du Bouddha sur les Quatre Nobles Vérités semble être le sommaire de toute la doctrine bouddhiste. Lorsqu'on prend en compte toutes les explications, aussi différentes soient-elles, proposées par les écoles philosophiques du bouddhisme, école Mahâyâna comprise, il s'avère nécessaire de faire des distinctions entre les sûtras : certains étant définitifs et d'autres requérant plus ample interprétation. Faire cette discrimination en se fondant sur un texte particulier – un sûtra – nécessite de se référer à un autre texte pour déterminer clairement si le sens du premier est bien le texte définitif. Puis il faut un autre sûtra pour déterminer la validité du deuxième, et ainsi de suite. Le processus continue à l'infini et n'a aucun intérêt dans l'élaboration d'un critère. Bien plus, des sûtras différents proposent des méthodes de choix différentes entre les sens définitifs et non définitifs. Pour finir, c'est la raison qui doit déterminer ce choix. Voilà pourquoi on considère maintenant que, dans la tradition Mahâyâna, la raison est plus importante que l'écriture.

Comment faire pour décider que telle phrase ou tel texte sont encore sujets à interprétation ? Plusieurs sortes de textes appartiennent à cette catégorie. Prenons un exemple. Certains sûtras disent que l'on doit tuer ses parents. Comme on ne peut les prendre à la lettre, il faut les étudier de façon plus approfondie. Nous comprenons alors que *parents* fait référence aux actes corrompus, aux attachements qui induisent une renaissance à venir.

On trouve certaines affirmations du même type dans le tantra, comme le *Guhyasamâja Tantra* où le Bouddha dit que le Tathâgata – le Bouddha – doit être tué et qu'en le tuant, on pourra atteindre l'éveil suprême [26]. Il est évident que de telles assertions ne peuvent être prises au pied de la lettre !

Il existe d'autres sortes d'écritures non définitives. En l'occurrence, le sûtra exposant les douze anneaux de la chaîne de l'interdépendance affirme que, si la cause existe, le fruit s'ensuivra. Par exemple, si l'ignorance habite quelqu'un, des actions malsaines s'ensuivront.

A cause de l'existence de ceci, cela arrivera.
A cause de la production de ceci, cela naîtra.
C'est ainsi ; à cause de l'ignorance, il y a acte de volonté :
A cause de cet acte, il y a la conscience... [27].

Bien qu'ils puissent, semble-t-il, être pris au sens littéral, ce type de sûtras est sujet à interprétation : en effet l'ignorance qui induit les actes corrompus correspond ici à une façon de voir conventionnelle, au sein de laquelle une cause produit un effet. Cependant le niveau ultime d'interprétation est que sa nature est la vacuité. Il existe même un niveau encore plus subtil, une interprétation encore plus aboutie, une réalité plus profonde à laquelle ce sûtra ne fait pas référence. C'est pourquoi, et je ne le dirai jamais assez, ce sûtra fait partie des sûtras appelés à plus ample interprétation.

Les sûtras définitifs sont les sûtras de la sagesse, tel que le *Cœur de la Sagesse (Prajnâpâramitâhrdaya)* [28] dans lequel le Bouddha parle de la nature ultime de tous les phénomènes ; il y expose que la forme est la vacuité et que la vacuité est la forme, et qu'il n'y a pas de vacuité hors de la forme. Parce que ce genre de sûtra parle de la nature ultime de tous les phénomènes – c'est-à-dire de leur nature, de leur mode existentiel vides –, on les considère comme définitifs. Cette catégorie comprend également le Sûtra de l'Essence de Tathâgata issu du Troisième Tour de la Roue. Comme je l'ai déjà mentionné, il est à l'origine de l'ouvrage de

Maitreya, *Uttaratantra,* et de l'ensemble des prières de Nâgârjuna.

Néanmoins, il faut également prendre en compte que les différentes écoles bouddhistes emploient des méthodes variées pour distinguer les sûtras définitifs et ceux qui sont encore sujets à plus ample interprétation. En résumé, les écrits de la sous-école de Prâsangika de l'école Madhyamaka – particulièrement celle de Nâgârjuna et de son disciple Candrakîrti – sont les plus dignes de confiance. Elles exposent pleinement la vision ultime de la vacuité telle que l'a enseignée le Bouddha. Et cette vision est en harmonie avec l'analyse et l'expérience qu'elle soutient d'une part, avec la raison et la logique d'autre part.

Les adeptes de Shen-tong, « vide d'autre », n'acceptent que dix sûtras comme définitifs, qui appartiennent tous au Troisième Tour de la Roue du Dharma[29]. Cette école prétend que les phénomènes conventionnels sont vides en soi et que tous les phénomènes sont vides d'existence, même conventionnelle. On pourrait interpréter de la façon suivante cette vision de la vacuité : les phénomènes sont conventionnels parce qu'ils ne possèdent pas leur propre nature ultime. En ce sens, ils sont vides d'eux-mêmes. Cependant, nombre d'érudits tibétains souscrivant à la philosophie Shen-tong n'interprètent pas la vacuité en ces termes. Ils disent plutôt que si les phénomènes sont vides c'est que, de par leur caractère conventionnel, ils ne peuvent exister.

Comme l'histoire nous l'apprend, bien des maîtres appartenant à ce groupe sont parvenus à la réalisation suprême des stades de génération et d'achèvement des tantras. Comme ils se sont réalisés en pratiquant la méditation et conformément à leur vision de la vacuité, ils ont dû, semble-t-il, parvenir à une compréhension profonde de cette vision bien particulière qui est la leur. Néanmoins, si nous devions comprendre cette vision des choses – consistant à dire que les choses sont vides d'elles-mêmes –, en la prenant littéralement – les choses n'existent pas – il y aurait alors tentation d'affirmer également que rien n'existe du tout ! Ce qui nous ferait tomber dans l'extrême et dans le nihilisme. Ce risque, de mon point de vue, provient de l'inaptitude des adeptes de la philosophie Shen-tong à reconnaître une identité et une existence aux phénomènes, lesquels sont issus d'une simple subordination aux autres. Il devient clair qu'ils conservent le sens littéral – les phénomènes conventionnels n'existent pas et sont vides d'eux-mêmes – si l'on étudie de près la position qu'ils défendent quant au statut ontologique de la vérité ultime. Ils soutiennent que la nature ultime est un phénomène qui existe vraiment, par inhérence et de son propre chef. Ainsi, en parlant de la vacuité de la nature ultime de la vérité, ils prétendent que la vérité ultime est vide de phénomène conventionnel.

Dharmesvara, le fils spirituel de Yungmo Mikyö Dorje – l'un des fondateurs et des premiers tenants de cette vision des choses –, affirme dans l'un de ses écrits que la vision de la vacuité que propose Nâgârjuna est nihiliste. Il prétend, quant à lui, que, du fait que les phénomènes conventionnels sont vides d'eux-mêmes, la seule chose qui existe est la réalité ultime et que celle-ci existe vraiment et de façon inhérente comme une entité objective.

Il devient alors évident qu'adhérer à un point de vue philosophique de cette sorte contredit directement la vision de la vacuité telle qu'elle est présentée dans la *Perfection de la Sagesse* ou Sûtra de la Sagesse. Le Bouddha y dit explicitement et très clairement que, dans le domaine de la vacuité, il n'existe aucune distinction d'aucune sorte entre phénomène conventionnel et phénomène ultime. Il expose la nature vide des phénomènes ultimes en utilisant des synonymes pour vérité ultime[30] et en établissant que tous les phénomènes, depuis la forme jusqu'à l'omniscience[31], sont égaux du fait même qu'ils sont vides.

LA VISION PROFONDE

Bien que les adeptes de la vision de Prâsangika – la plus haute école des principes philosophiques – parlent des phénomènes vides dont la nature est vide, il ne faut pas mal interpréter cette assertion car elle n'implique pas que les phénomènes n'existent pas du tout. Il faut plutôt comprendre que les phénomènes n'existent pas par eux-mêmes, dans eux-mêmes, de leur propre chef, n'ont pas d'existence inhérente. Parce qu'ils possèdent des caractéristiques existentielles, qu'ils arrivent et qu'ils sont subordonnés à d'autres facteurs – des causes, des conditions, etc. –, ils sont de ce fait dépourvus d'une nature indépendante. Par conséquent, leur nature est dépendante. C'est le fait même de leur nature dépendant d'autres facteurs qui nous permet d'affirmer qu'ils n'ont pas de statut indépendant. Lorsque les défenseurs du point de vue de Madhyamaka-Prâsangika parlent de vacuité, ils parlent de la nature vide des phénomènes en terme d'interdépendance. C'est la raison pour laquelle la compréhension de la vacuité n'est pas en contradiction avec la réalité conventionnelle des phénomènes.

Pour établir la nature vide des phénomènes, les adeptes du Prâsangika citent, comme leur raison ultime et décisive, la nature dépendante des phénomènes. Ils allèguent que, parce que les phénomènes naissent et existent dépendamment d'autres facteurs, ils n'ont pas de nature indépendante. Ils sont donc dépourvus de réalité intrinsèque et d'identité. Cette façon de parvenir à la vision de la vacuité par le biais d'un raisonnement sur l'interdépendance est d'une grande profondeur. En effet, non seulement elle dissipe la fausse interprétation que l'on fait des phénomènes lorsqu'on les considère comme existants par inhérence, mais elle protège également l'individu du piège du nihilisme.

Dans les propres travaux de Nâgârjuna, on trouve quelques affirmations considérant la vacuité en termes d'interdépendance. Dans le *Mûlamadhyama-*

kakârikâ (Fondements de la Voie du Milieu), Nâgârjuna dit que dans un système où la vacuité n'est pas possible, rien n'est possible. Mais dans un système où la vacuité est possible, tout est possible [32]. Il dit ailleurs : « Puisqu'il n'y a pas de phénomène qui ne soit le produit d'une dépendance, il n'y a pas de phénomène qui ne soit vide [33]. »

Cette conception de la vacuité doit être comprise dans la perspective de l'interdépendance. Ceci n'est pas seulement clair dans les écrits de Nâgârjuna. On le trouve également dans les commentaires plus tardifs : dans le texte aussi lumineux que concis composé par Buddhapâlita ; dans les ouvrages de Candrakîrti – particulièrement dans son commentaire du *Madhyamakakârikâ* que l'on appelle *Prasannapadâ (Paroles de Clarté)* et dans son *Madhyamakâvatâra (Le Guide de la Voie du Milieu)*, comme dans le commentaire qu'il a fait de son propre texte[34]. Candrakîrti a également proposé un commentaire de l'ouvrage d'Aryadeva, *Catuhsataka-Sâstrakârikâ (Les Quatre Cents Slokas)*. Une étude comparée de ces différents écrits rend évident qu'il faut envisager la vision de la vacuité telle que la propose Nâgârjuna en termes d'interdépendance. La lecture de ces commentaires fait grandir l'admiration que l'on porte à Nâgârjuna.

Telle est la vue d'ensemble de la voie bouddhiste présentée dans les sûtras.

HUIT

Questions et réponses

QUESTION. De quelle manière peut-on arriver à la conviction que notre conscience n'a ni commencement ni fin ; est-ce juste une question de foi ?

S.S. LE DALAÏ-LAMA. Il y a deux façons d'arriver à cette conviction. La première consiste à établir la validité de cette vision par un raisonnement logique. C'est une façon de procéder quant à certains phénomènes. Pour d'autres, il n'est pas possible de recourir à cette logique pour établir une conclusion certaine : il vous faut étudier les prémices en adoptant un point de vue contradictoire et voir si cette hypothèse a contrario comporte des incohérences fondamentales ou des contradictions logiques. C'est ainsi que vous détecterez les éléments mystérieux dans une vision, qui ne peuvent trouver de justification. Puisque cette hypothèse a contrario comporte des incohérences, c'est l'autre qui doit être juste !

A ce propos, je crois qu'il est fondamental de bien comprendre qu'il existe trois grandes catégories de phénomènes. Les *phénomènes manifestes* que l'on peut directement observer, les *phénomènes légèrement obscurs* que l'on peut appréhender par le raisonnement et les *phénomènes très obscurs* qui se situent au-delà de la perception directe ordinaire et de l'argumentation logique. En règle générale, l'existence des phénomènes de cette dernière sorte ne peut être établie que sur la foi d'autres témoignages et d'une attestation écrite.

En outre, le bouddhisme propose quatre façons d'examiner ces catégories de phénomènes que l'on appelle les *quatre principes* : le premier est le *principe de réalité.* Prenons un exemple. Notre conscience a pour nature la luminosité et la connaissance. Pourquoi ? Il n'y a pas de raison à cela. C'est simplement sa nature. De la même façon, notre corps physique est composé d'atomes et de particules chimiques. Ceci est, aussi, sa nature, la façon dont il « est ». Vient ensuite le *principe de dépendance* qui fait référence aux phénomènes qui se situent par rapport à autre chose : en l'occurrence les parties et la totalité, ce qui est juste et ce qui ne l'est pas, etc.

Le troisième principe est le *principe d'efficacité.* Il comprend les phénomènes comme les causes, dont la fonction est de produire un effet, ainsi que les effets dont la fonction est d'être la conséquence des causes qui les ont générés. Enfin, le *principe de la preuve valide* comprend les règles de la logique – vérifiable sur la base des trois principes précédents – qui gère les relations entre différentes entités et nous permet de la sorte de produire des conclusions issues de prémices valables [35].

L'approche que propose cette analyse en quatre volets présente des analogies avec la vision de l'univers telle que les scientifiques la représentent. Le principe de réalité en l'occurrence n'est pas sans rappeler certaines théories de la physique subatomique sur la nature des particules. Certains passages du *Kâlacakra Tantra* expliquent que les particules d'espace, ou particules composées d'espace sont la source de toute matière dans l'univers. D'une façon similaire, on peut établir un parallèle entre l'opération décrite dans le second principe – la dépendance d'autres facteurs – et les lois de la chimie. Au plan subatomique, on constate que le principe de réalité est opératif. Quand ces particules s'agrègent les unes aux autres, s'unissent en un tout pour former des objets et interagir avec d'autres particules, c'est le principe de dépendance qui opère. Quand différents types de particules agissent les uns sur les autres pour faire apparaître certaines propriétés, nous ne sommes pas loin du troisième principe, celui d'efficacité. Puis en se fondant sur ces trois principes régissant les relations entre les phénomènes, on peut utiliser les règles du raisonnement logique inscrit dans le quatrième principe.

Pour reprendre la question concernant l'aspect infini de la conscience, continuité sans début ni fin, prenons maintenant l'hypothèse opposée et posons qu'il existe quelque part un commencement. C'est alors que surgit une immense question : comment ce tout premier instant de la conscience peut-il venir au jour ? Comment peut-il naître et d'où peut-il provenir ? Nous sommes alors confrontés à maintes contradictions logiques et à de nombreuses incohérences. Celui qui adhère à l'hypothèse d'un point de départ doit accepter soit que ce premier instant ne surgisse d'aucune cause, soit qu'il existe un créateur.

Or chaque sollicitation de la conscience exige d'émerger d'une cause substantielle sous la forme d'un autre instant de conscience qui la précède. C'est pourquoi nous affirmons que la conscience est infinie et sans commencement ni fin. A cette affirmation, moins d'arguments s'opposent, semble-t-il. Et si ce raisonnement ne vous donne pas satisfaction à cent pour cent, il vous permet de conclure en toute quiétude qu'une telle position contient moins de contradictions et moins d'incohérences. Fort de cette certitude, vous pouvez vous en convaincre.

QUESTION. Si les phénomènes que je perçois sont des projections de mon esprit, pourquoi alors percevons-nous tous les mêmes phénomènes de la même façon ? Je vois un texte enveloppé dans un tissu orange devant Votre Sainteté. Pourquoi tous les autres assistants voient-ils le même tissu orange ? Par ailleurs, j'ai lu que les êtres des cinq autres mondes perçoivent ces phénomènes comme des choses différentes tout en partageant une perception commune. Pourquoi ?

S.S. LE DALAÏ-LAMA. Si l'on en croit les explications fournies par la plus haute école philosophique bouddhiste, le Madhyamaka-Prâsangika, les phénomènes externes ne sont pas de simples projections ni de simples créations de l'esprit. Le sens de tous les phénomènes au titre de simples labels, de désignations pures et simples, c'est qu'ils existent et acquièrent une identité par la façon dont nous les désignons. Ce qui ne veut pas dire qu'il n'y a pas de phénomène indépendant du nom, de la désignation ou du label qu'on lui donne. Cela signifie plutôt que, si nous analysons et recherchons avec objectivité l'essence de chaque phénomène, on s'aperçoit qu'elle est impossible à trouver. Les phénomènes ne peuvent résister à une analyse de cette sorte ; c'est la raison pour laquelle ils ne peuvent exister de façon objective. Cependant, ils existent bien, à un certain niveau de l'existence : voilà pourquoi ce n'est que par la façon dont on les nomme que les choses existent.

Puisque les phénomènes n'ont pas de réalité indépendante et objective, ils n'existent pas en tant qu'objets : nous en déduisons donc que les phénomènes n'existent que nominalement ou encore conventionnellement. Cependant quand les choses nous apparaissent, ce n'est pas sous leur nom mais bien comme si elles possédaient une sorte de réalité objective, d'existence inhérente qui en émane. Ainsi, il existe une différence entre la façon dont les choses se manifestent et celle dont elles existent. C'est la raison pour laquelle on dit qu'elles sont illusoires.

On ne peut se rendre compte des phénomènes que par sa propre expérience, une fois que l'on a nié leur existence inhérente. La réalité conventionnelle ne peut pas être prouvée de façon logique. Par exemple, cette table existe parce qu'on peut la toucher, la sentir, poser des affaires dessus, etc. Elle existe de cette façon-là. Ce n'est que par l'expérience directe d'un phénomène que l'on peut établir la réalité de son existence.

Le Prâsangika propose trois critères pour déterminer l'existence ou la non-existence de quelque chose :

1. Il faut en avoir une connaissance nominale et donc pouvoir le nommer ;
2. La convention ainsi établie ne peut être contredite par aucune sorte de validation ;
3. Elle ne saurait être contredite par l'analyse ultime de sa nature. Tout ce qui possède ces trois critères existe alors de façon conventionnelle [36].

Des perceptions très variées peuvent appréhender un objet tel le tissu qui enveloppe le texte qui est devant moi. Pour la plupart d'entre vous, il est de couleur orange mais certains ne le verront pas ainsi du fait d'une maladie, d'un trouble physiologique d'une autre nature ou d'un daltonisme. Du fait de leur karma, d'autres encore ne seront pas en mesure de voir ce tissu de la même façon que nous.

QUESTION. Votre Sainteté, en tant que réincarnation du XIIIe Dalaï-Lama, vous possédez la même énergie que lui au plan mental ; peut-être pouvez-vous expliquer pour quelle raison vous, qui êtes un être réalisé, devez suivre un enseignement au sein de nombreuses écoles et passer des examens. Pourtant, du fait de la connaissance que vous avez de toutes ces philosophies, c'est un peu comme si une machine hypersophistiquée réapprenait les rudiments de la mécanique !

S.S. LE DALAÏ-LAMA. Je n'aurais pu atteindre ce niveau sans avoir poursuivi des études sérieuses. Il me faut donc étudier. C'est une réalité et il n'y a rien d'autre à faire. Sans doute ai-je parfois eu l'impression de comprendre sans difficulté, et sans que cela me demande beaucoup d'effort, certains points philosophiques réputés difficiles. Il est vrai que je saisis relativement vite et facilement des sujets ardus. C'est peut-être le signe de vies antérieures au cours desquelles j'ai beaucoup étudié. Pour le reste, je suis un homme ordinaire, tout comme vous. C'est ainsi !

QUESTION. Votre Sainteté peut-elle expliquer le sens de *désignation* et de *base de désignation* [*basis of imputation*] ? Pouvez-vous également dire comment les écoles bouddhistes supérieures et inférieures diffèrent dans leur explication de ces termes ?

S.S. LE DALAÏ-LAMA. A l'exception de l'école Prâsangika, toutes les autres écoles de pensée bouddhistes identifient, *désignent* les phénomènes par un terme précis : elles affirment ainsi qu'il y a une sorte d'existence objective.

Prenons un exemple : quand les écoles inférieures identifient la personne ou le soi, elles l'identifient comme la continuité de la conscience. Mais les canons bouddhistes des écoles supérieures prétendent que ce point de vue philosophique mène à la contradiction ou à l'incohérence, dans la mesure où l'on parle d'états inconscients de méditation. D'autres contradictions se font jour lorsque l'individu a atteint le niveau élevé de ce que l'on appelle la *sagesse pure,* au cours duquel il devient très problématique d'identifier la personne avec la continuité de la conscience.

Puisque les écoles inférieures acceptent toutes l'existence inhérente des choses, elles revendiquent une certaine forme d'existence objective en disant que les choses existent de leur propre chef et de leur côté. Elles font cela parce qu'elles identifient les phénomènes « sur la base de leur appellation ». Du point de vue de l'école Prâsangika, si quelque chose existe de façon objective et qu'on le désigne en se fondant sur la « base de dénominant », alors cela équivaut à dire que cette chose existe de façon autonome, qu'elle possède une nature indépendante et qu'elle existe par ses propres moyens. Il faut à ce point considérer la nature de la dépendance. Il est souvent évident que de nombreux phénomènes ne peuvent être situés indépendamment d'autres facteurs. Lorsqu'on pousse l'analyse et que l'on cherche l'essence, le véritable référent derrière l'étiquette, les choses se désagrègent et on ne trouve rien qui soit l'essence recherchée. Ce que l'on trouve, c'est que *quelque chose* existe, mais que ce quelque chose existe par la force ou par le biais d'autres facteurs dont il est dépendant et que ces autres facteurs comportent en particulier, et d'une façon très importante, ce que nous lui imputons, la façon dont nous l'étiquetons. Voilà pourquoi l'adepte de l'école Prâsangika dit qu'il n'y a pas de réalité objective ni d'existence inhérente.

Considérons, par exemple, le temps *présent.* Il est clair que le présent existe mais il nous faut étudier ce qu'il est vraiment de façon plus profonde. Il est possible de diviser le temps. Celui qui est révolu est le *passé.* Quant à celui qui n'est pas encore venu, c'est le *futur.* Si l'on affine cette division, on s'aperçoit qu'il ne reste presque rien que l'on puisse appeler présent. Car entre le passé et le futur, se situe une ligne d'une extrême finesse, quelque chose qui ne peut être appréhendé par l'analyse, comme le fil du rasoir et qui est le *présent.* S'il fallait conserver un seul point du temps comme indivisible, il n'y aurait alors aucun motif de distinguer entre passé, présent et futur, tant il est vrai que ces trois temps seraient indivisibles. Mais si l'on parle de temps divisible, alors, il ne reste presque rien de *présent* entre le passé et le futur.

Si le présent ne peut être situé, comment le passé et le futur pourraient-ils l'être ? Car le passé est le passé par rapport au présent, tout comme le futur. Et si nous venions à conclure que le présent n'existe pas, ceci irait à l'encontre d'une convention mondiale comme de toutes les pensées et les expériences de la vie quotidienne. C'est la raison pour laquelle on peut dire que le présent existe bien, mais que ce n'est ni par inhérence ni objectivement. Ceci démontre l'interdépendance.

QUESTION. Dans le *Pramânavârttika (Commentaire sur le Recueil de la Connaissance valide),* Dharmakîrti affirme la chose suivante : puisque l'expérience de l'objet de la connaissance ne peut être séparée de celle de l'image qui permet de le connaître, comment l'objet peut-il être distinct de son image ? Votre Sainteté pourrait-elle nous commenter cette assertion, en précisant sa signification dans la pratique de la phase de création dans le tantra ?

S.S. LE DALAÏ-LAMA. Dans le passage auquel vous faites référence, Dharmakîrti parle de ce que l'on connaît sous le nom suivant : l'argument de la *co-cognition constante.* Il s'agit là d'un dogme de l'école Yogâcara dans laquelle on nie la réalité extérieure, c'est-à-dire le monde extérieur atomiquement constitué. Parce que les adeptes de ce système soutiennent que les choses ne peuvent exister que comme projections de l'esprit, ils soutiennent également qu'il n'existe aucune réalité atomiquement structurée, extérieure et physique, indépendante de l'esprit.

Dans le *Vimsatikâ (Les Vingt Slokas)* [37], Vasubandhu s'attache à l'examen minutieux et critique de l'atome indivisible tel que le considèrent les écoles dites réalistes. Il suggère que l'on tente d'imaginer un atome indivisible sans aucune antenne directionnelle. Mais s'il s'agit de matière, alors celle-ci est indivisible, parce que la matière possède la caractéristique – qui du reste la définit – d'être obstructive (de posséder une masse qui fait obstacle, qui entrave), et par là même d'avoir des antennes directionnelles. En conséquence de quoi, elle ne peut être indivisible. Les adeptes du Yogâcara, lorsqu'ils étudient ces versets, concluent qu'il n'y a pas de réalité extérieure atomiquement structurée et, s'ils arrivent à une telle conclusion, c'est parce qu'ils n'ont pas compris le plan le plus subtil de la notion de vacuité tel que le présentent les adeptes de l'école Prâsangika. En effet, ils affirment que les choses ont une existence inhérente et que si, après examen, on ne trouve pas d'essence à une chose, c'est qu'elle n'existe pas. Au contraire, Prâsangika conclut que le fait même que l'on ne trouve pas d'essence à quelque chose est la preuve que les objets n'existent pas de façon inhérente, mais non pas qu'ils n'ont pas d'existence. C'est là que se situe la différence entre les deux écoles.

QUESTION. Certains textes tantriques font allusion à huit types de conscience ?

S.S. LE DALAÏ-LAMA. Lorsque c'est le cas, la liste inclut la conscience fondamentale. Celle-ci, à laquelle on se réfère ici, est totalement différente de celle que l'on trouve dans les écrits de l'école Yogâcara. Dans le Tantra Yoga supérieur, la conscience fondamentale peut être générée au sein de la sagesse qui accomplit la vacuité : c'est la raison pour laquelle elle est synonyme de claire lumière fondamentale et non née de l'esprit. La conscience fondamentale, ou conscience fondatrice, à laquelle fait référence l'école Yogâcara est toujours neutre – c'est-à-dire que par nature elle n'est ni virtuelle ni non virtuelle.

Il existe cependant des maîtres indiens comme Sântipâda et Abhayâkara qui, tout en adhérant à un système philosophique qui nie l'existence d'une réalité extérieure structurée, sont parvenus à l'accomplissement supérieur du tantra. La tradition rapporte que, lorsqu'ils se sont engagés dans cette pratique, ces maîtres étaient des adeptes du Yogâcara ou du Madhyamaka-Sautrântika-Yogâcara. Puis, à la suite de leur progression vers l'accomplissement supérieur sur la voie tantrique, ils prirent conscience de la vacuité profonde telle que l'expose l'école Prâsangika.

C'est la raison pour laquelle, lorsque vous vous engagez dans la pratique de l'Etape de Génération du tantra, si c'est possible et si cela convient à votre fonctionnement mental, il est préférable d'adhérer à la vision de la vacuité de Prâsangika dès le début. Car c'est ainsi que les grands maîtres et les méditants du passé ont progressé. Le courant Prâsangika est celui où l'on dénombre le plus petit nombre d'incohérences et de contradictions comme le plus haut niveau de justesse.

Dans son commentaire du *Catuhsataka* d'Aryadeva, Candrakîrti critique sévèrement Dharmapâla, qui interprète la position philosophique ultime d'Aryadeva comme étant celle de l'école Yogâcara. Dans le commentaire qu'il fait de son propre ouvrage le *Madhyamakâvatâra*, on trouve aussi cette question : « Diriez-vous également que des maîtres comme Vasubandhu, Dharmapâla et ses pairs ont rejeté la vision subtile de la vacuité à cause de la peur qu'ils avaient d'être confrontés à la doctrine profonde de la vacuité de l'existence inhérente ? » La réponse de Candrakîrti à cette question est un « Oui ! » franc et massif.

C'est ainsi que des pratiquants comme moi – qui estimons la thèse et la philosophie de Candrakîrti et le remercions d'avoir atteint de tels sommets dans ses deux traités, le commentaire du *Guhyasamâja Tantra* et celui du *Mûlamadhayamaka*, qui nous éclairent au même titre que le soleil et la lune – c'est ainsi que nous suivons d'une manière irrévocable son exemple et affirmons que bien des maîtres comme Vasubandhu et Dharmapâla ont rejeté la vision profonde de la vacuité.

DEUXIÈME PARTIE

Une vision et un comportement altruistes

NEUF

Les bienfaits de l'altruisme

Les différents enseignements du Bouddha insistent tous sur des méthodes variées d'entraînement et de transformation de l'esprit. Historiquement, se sont développées au Tibet une classification traditionnelle de certaines pratiques, et une littérature qui lui est associée, connue sous le nom de *lo-jong*, ce qui veut dire « entraînement de l'esprit » ou transformation de la pensée. Ce nom provient du fait qu'elles n'ont d'autre but que d'opérer un changement radical de notre façon de penser et, par là même, de notre mode de vie. L'une de ses principales caractéristiques réside dans l'accent mis sur le dépassement de notre attachement à une identité égotique rassurante et à des comportements fondés sur cette approche du soi. L'attitude consistant à se chérir soi-même nous empêche en effet de faire naître une empathie authentique envers autrui et limite notre vision aux frontières étroites de nos intérêts personnels. La transformation de la pensée, par essence, nous invite à rechercher la mutation de notre vision habituelle égoïste en une ouverture altruiste qui considère le bien-être d'autrui comme, à tout le moins, aussi important que le nôtre et même, dans l'absolu, plus important.

La toute première source que nous possédons de la littérature traitant de ce sujet est le *Bodhicaryâvatâra* de Sântideva [38]. J'ai reçu la transmission orale de ce texte par le regretté Kunu Lama Rinpoché. Et j'ai personnellement tenté d'appliquer cette pratique aussi souvent que possible tout en l'expliquant à autrui dès que l'occasion m'en était donnée. Durant ces trois jours, j'aimerais dans le cadre de notre débat sur la pensée et la pratique du bouddhisme explorer avec vous les principaux points de la pratique de l'altruisme telle qu'elle est explicitée dans les chapitres VII et VIII du livre en question et qui traitent respectivement de tolérance et de méditation.

Abordons d'abord les bienfaits de l'altruisme et de la bonté. La bonté – avoir bon cœur – est la source véritable de toute joie, non pas seulement au plan religieux mais aussi dans la vie de chaque jour. En tant qu'êtres humains, nous sommes des animaux particulièrement sociaux. De ce fait, nous ne pouvons survivre qu'avec l'aide, la coopération et la bonté des hommes qui nous entourent. La chose devient plus évidente encore si l'on réfléchit au modèle fondamental de notre existence. Afin de faire mieux que de survivre à peine, il nous faut un toit, de la nourriture, des compagnons, des amis, l'estime d'autrui, des moyens de subsistance, etc. : voilà des éléments qui ne viennent pas de nous mais qui dépendent bien des autres. Supposons qu'une personne vive seule dans un endroit retiré, sans âme qui vive dans les environs. Quelles que soient sa force de caractère, sa santé ou son éducation, elle n'aura pas la possibilité de mener une existence heureuse ni de s'accomplir. Qu'une personne vive au plus profond de la forêt africaine et qu'elle se trouve être le seul être humain au sein d'un sanctuaire animal, indépendamment de son intelligence et de son adresse, la seule chose qu'elle puisse réussir est de se hausser au niveau du roi de la jungle, et encore. Peut-elle avoir des amis, acquérir une certaine renommée ? Là encore, quelles que soient sa force et sa vitalité, se peut-il vraiment que cet individu devienne un héros si tel est son souhait ? Je crois que la réponse à toutes ces questions est un « non » ferme et définitif car tous les avantages dont je parle ne peuvent arriver que par le truchement d'autrui.

Même si l'on se place dans une perspective complètement égoïste – où l'on ne se préoccupe que de son propre bonheur et de son propre confort, sans aucune considération du bien-être d'autrui ni même du bien-être d'éventuelles vies futures – je le répète encore et le répéterai toujours : l'accomplissement de nos aspirations dépend d'autrui. Il s'agit là d'un fait indiscutable. Même pour faire des actions malsaines, vous avez besoin d'autrui : par exemple, si vous voulez tricher, il vous faut quelqu'un à tromper. Tous les événements, tous les incidents sont si intimement liés à la destinée d'autrui que personne ne peut s'imaginer agir de son propre chef. Nombre d'activités humaines, tant positives que négatives, ne peuvent s'envisager hors d'autrui. A cause des autres, nous avons la possibilité de gagner de l'argent si telle est notre aspiration sur terre. Dans le même sens, les médias ont le pouvoir d'asseoir ou de détruire la réputation de quelqu'un, ce qui ne serait pas possible d'une personne isolée, aussi fort crierait-elle pour se faire entendre. Le mieux qu'elle pourrait faire alors serait de créer l'écho du son de sa voix.

En tant qu'êtres humains, nous avons une tendance naturelle à apprécier l'affection et le concours d'autrui. J'ai appris au cours de mes rencontres avec des scientifiques, particulièrement des neurobiologistes, qu'il est scientifiquement établi que même lorsqu'il est encore dans le sein de sa future mère, les émotions et les sentiments vécus par celle-ci influencent durablement le bien-être mental et physique du nourrisson. Il est essentiel, semble-t-il, que la mère soit calme et relaxée. Après l'accouchement, les toutes premières semaines sont les plus importantes pour le développement harmonieux de l'enfant. On m'a dit que pendant cette période le moyen le plus sûr d'assurer une croissance saine du cerveau infantile est pour la mère de rester de façon quasi constante physiquement en contact avec son enfant. Si on délaisse le nourrisson sans lui apporter les soins et la tendresse nécessaires au cours de cette période critique, des dommages physiques peuvent en résulter par la suite qui ne seront peut-être pas perceptibles au premier abord. Un enfant qui a, devant lui, une personne souriante, aimante et tendre se sentira naturellement heureux et protégé. Au contraire, si quelqu'un essaye de lui faire du mal, l'enfant réagira par la peur, sensation dont les conséquences peuvent être douloureuses et catastrophiques pour son développement. Ainsi débute la vie.

Quand on est jeune, bien portant et fort, on a parfois l'impression d'être totalement indépendant et de n'avoir besoin de personne. Ce n'est qu'une illusion. Même à cet âge premier de la vie, l'être humain n'a-t-il pas besoin d'avoir des amis ? La chose s'avère encore plus urgente lorsqu'on prend de l'âge. Prenons par exemple mon cas personnel. Le Dalaï-Lama qui est devant vous aujourd'hui est un homme de plus de cinquante ans qui présente des signes sérieux de vieillissement. Je peux compter les cheveux blancs sur mon crâne et je sens mes genoux plus que je ne le souhaiterais lorsque je m'assois ou me lève. Plus on vieillit et plus on a besoin de se reposer sur l'épaule d'autrui ; c'est dans la nature de la condition humaine. Les compagnons et les amis sont essentiels au bonheur et au bien-être. D'où l'importance de savoir comment entretenir de bonnes relations avec autrui et garder ses amis. Si l'on s'en tient à l'aspect superficiel, il est possible d'« acheter » ses amis : mais dans ce cas, vos amis seront en fait les amis de votre porte-monnaie et de votre compte en banque. Ils afflueront avec votre bonne fortune mais seront trop contents de vous tourner le dos au premier coup du sort. Plus de nouvelles alors de ceux qui se disaient naguère vos amis. Ils ne seront pas perdus pour tout le monde et « donneront » leur amitié à un plus riche. Il est très clair que c'est lorsqu'on traverse une crise que l'on a le plus besoin d'un ami. Celui qui disparaît à ce moment-là n'est pas un ami véritable. Celui qui, au contraire, reste à vos côtés lors d'un passage difficile est un ami véritable.

Revenons à notre question. Comment se faire des amis ? Sûrement pas dans la haine et la confrontation. Il est impossible qu'une amitié naisse dans la dispute et les heurts. Une amitié authentique naît de relations de coopération fondées sur l'honnêteté et la sincérité, c'est-à-dire lorsqu'on a un cœur chaleureux et un esprit ouvert. Cette vérité est, me semble-t-il, une évidence si l'on observe tant soit peu la façon dont se passent les relations habituelles dans la vie quotidienne.

Ce besoin d'ouverture et de coopération est également une urgente nécessité au plan global. Dans cette époque moderne où il n'y a plus de lien familial ni même national quand il s'agit de régler une question d'ordre économique. De pays en pays, de continent en continent, le monde est un réseau complexe d'interconnexions. Chacun dépend étroitement des autres. Et lorsqu'un pays doit développer sa propre économie, il ne peut le faire qu'en tenant compte des conditions économiques des autres Etats. Car en fait, le progrès économique des autres pays engendre le progrès économique du nôtre. Si l'on considère ces éléments inhérents à notre société contemporaine, il est nécessaire d'opérer une totale révolution dans notre façon de penser et de fonctionner. Chaque jour montre avec plus de clarté que, si l'on veut construire un système économique viable, il faut le fonder sur une conception universelle de la responsabilité. En d'autres termes, il nous faut nous engager réellement dans les principes de la fraternité universelle. C'est évident ! Il ne s'agit plus d'un concept, d'un idéal sacré, moral, religieux : il s'agit là d'une réalité de la condition de l'homme moderne.

Si l'on va plus loin, il s'avère également qu'un besoin accru de compassion et d'altruisme se fait partout sentir. En effet, nous avons atteint un point critique dans tous les domaines, que ce soit l'économie, le secteur de la santé, la situation militaire et politique. Venant s'ajouter aux multiples crises sociales et politiques, des catastrophes naturelles toujours plus importantes secouent le monde entier : chaque année voit la radicalisation des mutations climatiques dont les conséquences affectent toutes les parties du globe. Quand certains sont inondés et croulent sous les pluies torrentielles, d'autres sont dévastés par la sécheresse. Il est heureux que l'intérêt pour l'écologie et l'environnement grandisse partout. Nous commençons à prendre conscience que la protection de l'environnement est une question de survie pure et simple de l'homme sur cette planète. Les êtres humains que nous sommes doivent respecter les autres membres de la famille humaine que sont nos voisins, nos amis et tous ceux qui nous entourent. La compassion, l'amour attentif, l'altruisme comme le sens de la fraternité sont les clés du développement humain, pas seulement dans le futur, mais dès maintenant.

La compassion et l'amour sont des pensées et des sentiments positifs qui donnent naissance aux qualités essentielles sur cette terre que sont l'espoir, le courage, la détermination et la force intérieure. Le succès ou l'échec de l'humanité dépendront principalement de la volonté et de la détermination de la génération actuelle. Si nous, aujourd'hui, ne mettons pas en œuvre cette volonté et cette intelligence propres à l'humain, personne d'autre ne pourra garantir notre avenir et celui de la génération suivante. C'est un fait qui ne supporte aucune contradiction. On ne peut en faire reposer le poids sur les seuls politiciens ou sur les habituels boucs émissaires car nous portons, nous aussi, une part de responsabilité. Ce n'est que lorsque l'individu accepte une responsabilité personnelle qu'il commence d'agir, de prendre une initiative. Crier et se plaindre n'est pas suffisant. C'est un changement en profondeur, authentique, qu'il faut opérer en l'individu afin qu'il puisse tenter de contribuer de manière significative au bien-être de l'humanité. L'altruisme n'est pas un simple idéal religieux : c'est une nécessité de l'humanité au sens large. Est-ce clair ? Quelqu'un éprouve-t-il des doutes à ce sujet ?

La question qui se pose alors est de savoir s'il est possible ou non de développer la compassion et l'altruisme. En d'autres termes, existe-t-il un moyen d'accorder plus de place à cette façon d'être et de réduire la colère, la haine et la jalousie ? Je réponds : « Oui, deux fois oui ! » Et même si vous n'en êtes pas convaincu pour l'instant, ne vous fermez pas à cette possibilité. Tentons quelques expériences et nous trouverons peut-être des éléments de réponse.

Si je m'en tiens à ma propre expérience, je suis convaincu que c'est par un entraînement constant que l'on peut changer sa disposition intérieure : en d'autres termes, il est possible de développer encore plus nos pensées, nos attitudes et nos comportements positifs et de réduire leurs contreparties négatives. Ceci, parce que l'émergence de chacune de nos pensées dépend de nombreux facteurs : aussi, dès que ces derniers sont modifiés, l'esprit change aussi. Il s'agit là d'une vérité fondamentale quant à la nature de l'esprit.

Passons maintenant à d'autres bienfaits de l'altruisme et de la bonté, lesquels ne sont pas aussi évidents à nos yeux. Comme je l'ai déjà expliqué, si l'on se place du point de vue de la voie des êtres humains et divins, le but ultime de l'existence est de réussir sa prochaine naissance et ce but ne peut être atteint que si l'on diminue le nombre d'actions tendant à faire du mal ou du tort à autrui. C'est pourquoi, dans une telle perspective, on trouve toujours compassion et altruisme à la racine de toute démarche.

De plus, les différents aspects de la vie humaine – comme la longévité, la santé, le succès, le bonheur, etc. –, qui nous semblent désirables, sont tous dépendants de la bonté et de l'intelligence du cœur. Il s'agit là de qualités de base de la nature humaine. Il est donc très clair que, pour un bodhisattva désireux de réussir et donc d'accomplir les *six perfections* – la générosité, la discipline éthique, la tolérance, l'effort joyeux, la concentration et la sagesse –, le concours d'autrui et la bonté à l'endroit de ses compagnons les êtres sensibles sont des qualités essentielles.

C'est ainsi que la bonté constitue la pierre d'angle du succès dans cette vie, du progrès sur la voie spirituelle et de l'accomplissement de notre ultime aspiration :

atteindre l'éveil. Et sur cette voie, la bonté et le courage ont autant d'importance au début du chemin qu'au milieu ou à la fin. Leur valeur comme le besoin qu'on en a ne tiennent ni à un moment, ni à un endroit, ni à une société, ni à une culture spécifiques.

Puisqu'il s'agit là de qualités que l'on développe par un effort constant, il est essentiel d'identifier les conditions favorables à l'essor en nous de ces qualités, ainsi que les circonstances adverses qui les empêchent. C'est pourquoi il est important d'être constamment en éveil et à l'écoute, d'être attentif. Il faut que nous maîtrisions ces facultés au point d'être capables de reconnaître si les circonstances sont ou non favorables au développement de la compassion et du courage à chaque instant. En poursuivant une telle pratique de la compassion, nous parviendrons à nous libérer des effets des forces d'obstruction, et à multiplier les situations propices au développement de la compassion et du courage.

DIX

Reconnaître l'ennemi en soi

Le plus grand obstacle à la compassion et au courage est l'égoïsme, c'est-à-dire l'attitude qui consiste à se préoccuper de son propre bien-être en oubliant totalement celui d'autrui. Ce comportement centré sur soi est à l'origine de tous nos états de conscience habituels comme des différents moments d'existence dans le samsâra. Il est donc la racine de toutes les illusions. C'est pour cette raison que celui qui pratique la compassion et le courage doit d'abord et avant tout avoir une perception fine de la nature destructrice des illusions qui induisent des effets indésirables.

Pour vous aider à pratiquer ainsi, je vais vous citer un passage du *Bodhicaryâvatâra.* Dans le chapitre IV qui s'intitule « L'Attention », Sântideva explique que les illusions comme la haine, la colère, l'attachement et la jalousie qui résident au sein même de nos esprits et nous affectent de l'intérieur sont nos pires ennemis. Comme le montrent les deux versets suivants, il affirme que, bien que ces ennemis n'aient pas d'apparence physique, ni jambes ni bras, et qu'ils ne soient pas armés, ils sont bien en notre esprit assiégé de l'intérieur. Ils nous contrôlent de l'intérieur et nous attachent à eux, faisant de nous leurs esclaves. En temps normal, nous ne prenons pas conscience que ces illusions sont nos ennemies et, partant, nous ne les affrontons jamais. Et puisque nous ne les défions pas, elles ne se sentent pas menacées et continuent tranquillement de nous faire du tort quand bon leur semble.

Les ennemis qui ont nom la haine et le désir
N'ont ni bras ni jambes :
Ils sont sans courage ni sagesse ;
Comment alors pouvons-nous être leurs esclaves ?
Parce qu'ils habitent en mon sein
Selon leur bon plaisir ils m'affligent
Pourtant je les supporte sans colère.
Mais c'est une situation où la patience est inappropriée [39].

Les pensées négatives et les émotions sont souvent mensongères. Elles nous jouent des tours. Le désir par exemple prend les apparences d'un ami en qui l'on peut avoir confiance, beau et cher à notre cœur. La colère et la haine de la même façon jouent aux protecteurs et aux gardes du corps nous faisant croire que nous pouvons nous reposer sur elles. Et quand quelqu'un veut nous faire du mal, la colère se dresse et nous donne un sentiment de force. Car même si l'on est plus faible que celui qui nous assaille, la colère nous donne l'impression d'être fort. Et cette fausse impression de puissance, d'énergie, peut même nous détruire. C'est parce que la colère et les émotions destructrices nous apparaissent sous différents masques trompeurs, que jamais nous ne les défions. Afin de réaliser pleinement à quel point nous sommes abusés, il faut d'abord parvenir à un état d'esprit calme, alors seulement nous pourrons voir leur nature trompeuse.

Un coup d'œil sur l'histoire de l'humanité suffit à nous prouver que le courage a été la clé de ce que le monde considère comme des grandes réalisations, que ce soit au plan des droits civiques, des progrès sociaux, de la libération politique, de la religion, et ainsi de suite. Cet intérêt sincère et cette motivation altruiste ne sont pas l'apanage de la religion : ils appartiennent à tout homme qui manifeste un souci véritable pour autrui, sa communauté, les pauvres et les nécessiteux. En résumé, ces qualités naissent de l'intérêt que l'on porte au bien-être d'une communauté plus large, c'est-à-dire au bien-être d'autrui. Les actes résultant de cette attitude et de cette motivation resteront dans l'Histoire comme bons, bénéfiques et utiles à l'humanité. Lorsqu'on lit aujourd'hui ce genre d'événements, même s'ils sont passés et ne sont plus que souvenirs, ils nous mettent du baume au cœur et nous réconfortent. C'est avec respect et admiration que l'on se souvient de celui ou de celle qui a œuvré pour le bien d'autrui, sans que cela nous empêche de savoir reconnaître parmi nos contemporains de grands hommes.

D'autre part, l'histoire abonde de récits racontant comment des individus ont perpétré les actes les plus abominables et les plus destructeurs comme le meurtre et la torture, apportant la misère aux uns et faisant subir des souffrances indicibles à un grand nombre. Ces événements sont la manifestation de la face noire de notre héritage commun en tant qu'êtres humains. Ils n'arrivent que lorsque la haine, la jalousie, la colère et une cupidité sans bornes sont au pouvoir. L'histoire du monde est une expression des effets des pensées tant négatives que positives des êtres humains. Ceci est très clair. Réfléchir au passé nous permet de prendre conscience que, selon la nature de l'avenir que nous désirons, le temps est venu d'observer la façon de fonctionner de notre époque et de réfléchir au mode de vie qu'elle pourrait engendrer par la suite. Cependant, il ne faut pas non plus exagérer le pouvoir tout-puissant de ces attitudes négatives.

Bien que je sois moine, et supposé pratiquer *Bodhicaryâvatâra*, je m'irrite encore à l'occasion et je me mets en colère, allant même jusqu'à vitupérer contre autrui. Puis, quelques minutes après, la colère tombée, je suis embarrassé ; les mots négatifs ont été bel et bien prononcés et il n'y a plus rien à faire contre. Impossible de les effacer. Même lorsque les mots ont été dits et que le son de la voix s'est tu, leur impact perdure. La seule chose à faire alors est d'aller voir la personne concernée et de s'excuser. Ce qui n'empêche pas de se sentir mal à l'aise. Cet exemple montre que le moindre sursaut de colère ou d'irritation crée l'inconfort et la gêne, sans parler de la douleur qu'il cause à celui qui en est la cible. En réalité, ces états d'esprit négatifs obscurcissent notre intelligence et notre jugement, et ce faisant sont extrêmement préjudiciables.

L'une des qualités essentielles de l'humanité est l'intelligence, celle qui permet de juger de ce qui est salutaire et de ce qui est préjudiciable, de ce qui est bénéfique et de ce qui est pernicieux. Les pensées négatives, comme la colère et un attachement excessif aux choses, détruisent cette qualité fondamentale de l'être humain : c'est une chose bien triste. Là où colère et attachement dominent, on devient comme fou, ce qui, j'en suis sûr, n'est un but enviable pour personne. Sous leur emprise, on peut se livrer à toutes sortes d'actions dont les conséquences destructrices peuvent avoir une grande portée. Celui qui est la proie de tels états et de telles émotions est comme un aveugle : incapable de voir la route qu'il suit. Cependant nous négligeons souvent de défier ces pensées négatives, d'affronter ces émotions négatives qui peuvent mener bien près de l'aliénation mentale. Bien au contraire. Il est plus fréquent que nous les entretenions et leur donnions plus de force ! Ce faisant, nous devenons des proies faciles pour leur puissance destructrice. Réfléchir à tout ceci doit nous faire prendre conscience que notre ennemi véritable n'est pas extérieur à nous.

Prenons un autre exemple. Quand l'esprit est entraîné à l'autodiscipline, même lorsqu'on est entouré de forces hostiles, sa paix sera difficilement troublée. Par ailleurs, la paix et le calme de votre mental peuvent être facilement déstabilisés par vos pensées négatives, celles que vous produisez vous-même. C'est pourquoi je ne cesserai jamais de le dire : l'ennemi est en nous, pas à l'extérieur. Il est courant de définir l'ennemi comme une personne ou un agent extérieur qui, pensons-nous, nous fait du mal, à nous ou à ceux qui nous sont chers. Un ennemi de ce genre, cependant, est tout relatif et sa nature est impermanente. A un moment donné, une personne peut se comporter en ennemi et devenir, plus tard, votre meilleur ami. Telle est la vérité dont nous faisons l'expérience dans notre vie de chaque jour. Les pensées et les émotions négatives qui sont l'ennemi intérieur, en revanche, resteront toujours l'ennemi. Elles l'ont été hier, le sont aujourd'hui et le seront toujours demain... aussi longtemps qu'elles feront partie de nous, de notre continuum mental. C'est la raison pour laquelle Sântideva dit que les émotions et les pensées négatives sont le véritable ennemi et que cet ennemi est en nous.

L'ennemi en nous est très dangereux. Le potentiel destructif d'un ennemi extérieur est limité, comparé à celui qui en est la contrepartie en nous-même. D'autant plus qu'il est souvent possible de lui opposer une défense physique. Dans le passé et même en dépit de moyens et d'une technologie limités, les gens se sont défendus en construisant des forteresses et des châteaux pourvus de nombreuses murailles. A l'ère nucléaire, ce genre de défenses est obsolète. En un temps où chaque pays est une cible potentielle pour l'arme nucléaire, les êtres humains ne cessent de développer des systèmes de défense de plus en plus sophistiqués. Le projet de défense stratégique initié par les Etats-Unis, connu au plan mondial sous le nom de « Guerre des Etoiles », en est un exemple typique. Il est sous-tendu par cette croyance périmée qu'il nous est possible de créer un système nous dotant de la protection « ultime ». J'ignore s'il sera jamais possible de créer un système de défense capable de garantir au monde une protection contre les forces extérieures de destruction. Une chose est sûre cependant : aussi longtemps qu'elles seront livrées à elles-mêmes, qu'elles ne se seront pas traitées, nos forces internes feront toujours peser sur nous la menace de l'annihilation physique. En fait, la puissance destructrice d'un ennemi extérieur vient de celle de ses forces intérieures. L'ennemi intérieur est le catalyseur qui déchaîne le pouvoir destructeur de l'ennemi extérieur.

Le seul moyen efficace de maîtriser l'ennemi intérieur est de parvenir à une vision profonde qui pénètre la nature de l'esprit, et nous permette de la réaliser clairement. Je ne me lasse pas d'expliquer que l'esprit est un phénomène complexe. Si l'on s'en tient à la philosophie bouddhiste, il existe différentes sortes d'esprit, ou de conscience. La recherche scientifique examine quant à elle la matière comme un ensemble de particules constitutives de son existence. L'individu actualise le potentiel des différentes molécules, des compositions chimiques, des structures atomiques qui possèdent une valeur bénéfique tandis qu'il néglige, voire élimine délibérément celles qui ne se révèlent pas utiles.

Cette approche discriminatoire a sans doute conduit à certains résultats intéressants. Et si l'on accordait autant d'attention à l'analyse du monde intérieur, de l'expérience et des phénomènes mentaux, on découvrirait qu'il existe une multitude d'états qui diffèrent par leur façon d'appréhender les choses, par l'objet auquel ils s'intéressent, par le degré d'intensité de leur engagement vis-à-vis de cet objet, par leurs caractéristiques phénoménologiques, et ainsi de suite. Certaines facettes de l'esprit sont utiles et bénéfiques, aussi devrions-nous les identifier correctement et développer leur potentiel. A l'instar des scientifiques, si l'on vient à découvrir après examen que certains états d'esprit sont malsains, parce que porteurs de souffrance et de problèmes, alors il nous faut prendre conscience du sens de cette vision et chercher un moyen de les éradiquer. Tel est en effet le projet qui vaut le plus la peine d'être mené à bien. Et de fait, là doit se trouver votre principal souci dans la pratique du Dharma. C'est une démarche qui est similaire à celle d'un chirurgien du cerveau : elle consiste à effectuer des expériences sur ces cellules infimes dans le but de déterminer lesquelles apportent la joie et lesquelles sont causes de troubles. Sântideva prétend que tant que les ennemis intérieurs sont en sécurité en notre esprit, le danger est grand.

Il poursuit et affirme également que, quiconque se dresserait contre nous et nous ferait du tort, tant que notre esprit restera calme et discipliné, il ne serait pas en mesure de troubler notre paix. Cependant, qu'un seul soupçon d'illusion vienne s'y glisser, voilà notre paix troublée et notre stabilité intérieure rompue.

Tous les dieux, tous les anti-dieux
Peuvent bien se dresser contre moi,
Jamais ils ne sauront me conduire
Dans les feux ronflants des gouffres infernaux.
Il existe pourtant un ennemi puissant,
Qui peut vous y précipiter en un instant,
Ce sont les visions illusoires
Et qui auront raison même du roi des montagnes
Jusqu'à ses dernières cendres [40].

Sântideva explique qu'il y a aussi une différence notable entre l'ennemi ordinaire et les illusions. En effet, le premier peut devenir un ami si vous savez entretenir à son endroit des relations d'amitié et de compréhension, ce qui ne saurait être le cas des secondes. Bien au contraire, plus vous tenterez de sympathiser avec elles et de pactiser, plus elles se révéleront douloureuses et dramatiques.

Si je me consacre aux autres et que je les respecte,
Ils m'apporteront bienfaits et bonheur ;
Mais si je me consacre à ces visions illusoires,
L'avenir ne m'apportera que peine et douleur [41].

Comme je l'ai déjà dit, par l'entraînement de l'esprit et l'apprentissage d'une discipline intérieure, on peut changer sa perspective et, par là même, son comportement. Prenons mon propre exemple. En règle générale, les gens considèrent que les Tibétains qui viennent d'Amdo sont d'un caractère emporté. Et donc, lorsque quelqu'un au Tibet perd son sang-froid, on dit qu'il doit venir d'Amdo ! Or c'est la ville d'où je viens. Il est vrai que si je compare mon comportement d'aujourd'hui à celui de mes quinze-vingt ans, je constate un changement notable. Aujourd'hui, j'ai du mal à trouver une occasion de me mettre en colère et, quand cela arrive, cela ne dure guère. Quel bienfait fantastique – voilà que je suis presque toujours gracieux ! Conséquence, sans aucun doute, de ma pratique et de mon apprentissage. Au cours de ma vie, j'ai perdu mon pays et me suis trouvé totalement dépendant de la bonne volonté d'autrui. J'ai également perdu ma mère ainsi que la plupart de mes tuteurs et de mes maîtres, même si j'en ai aujourd'hui quelques nouveaux. Et s'il s'agit là de tragiques événements qui m'attristent lorsque j'y pense, je n'en suis pas pour autant submergé de douleur. Des visages anciens et familiers disparaissent et de nouveaux visages font leur apparition mais je reste heureux, l'esprit pacifié. Cette capacité de faire état d'événements en les considérant avec une certaine distance est, de mon point de vue, une des merveilles de la nature humaine.

Aussi longtemps que vous demeurez sous la domination des illusions et des états d'ignorance qui en résultent, il vous est impossible de parvenir à un bonheur authentique et stable. Ce qui, de mon point de vue, est un fait naturel. Et si cette vérité vous perturbe en profondeur, votre réponse sera de tenter de découvrir un état où vous en serez libre, c'est-à-dire le nirvâna. Un moine ou une nonne consacrera sa vie à l'accomplissement du nirvâna, de la vraie libération. Et si vous pouvez vous permettre de vous consacrer pleinement à la pratique du Dharma, alors il vous faudra mettre en œuvre dans votre vie quotidienne les méthodes spirituelles qui conduisent à cet état de liberté. Si, comme c'est mon cas, vous n'avez pas suffisamment de temps pour ce faire, c'est très difficile. Je sais trop bien que l'un des facteurs qui m'empêchent de me consacrer à cet engagement est ma propre paresse. Je suis un Dalaï-Lama plutôt paresseux, un Tenzin Gyatso qui se la coule douce ! Qu'à cela ne tienne ! Même si l'on ne peut mener une vie constamment consacrée à la pratique du Dharma, il est bénéfique de réfléchir à ces enseignements autant que possible et de faire un effort pour considérer que toutes les circonstances adverses ou les perturbations sont passagères. Comme les rides sur l'eau, elles apparaissent et s'effacent aussitôt. Dans la mesure où nos vies sont conditionnées par le karma, leur constante est d'être un cycle infini des problèmes qui se posent puis sont résolus. Un problème naît et disparaît pour laisser place à un autre qui cédera le pas à un troisième. Va-et-vient dans une continuité qui n'a ni début ni fin. Il est vrai que la continuité de notre conscience – la conscience de Tenzin Gyatso par exemple – n'a pas de commencement. Et si elle ne cesse de s'écouler, mouvement dynamique en constant changement, la nature fondamentale de la conscience, quant à elle, est immuable, comme l'est la nature de notre existence interdépendante. Prendre conscience de cette vérité facilite mon rapport à la réalité. Cette vision des choses, ancrée dans le concret, m'aide à maintenir en moi la paix et le calme. Telle est la manière de penser de Bhiksu Tenzin Gyatso. Au travers de ma propre expérience, je sais que l'on peut entraîner l'esprit et qu'il existe pour cela des moyens permettant d'induire en nous un changement profond. Ceci, au moins, est pour moi une certitude.

Malgré son fort potentiel destructeur et son action tous azimuts, en une chose au moins l'ennemi intime est plus faible que l'ennemi extérieur. Sântideva nous l'explique dans le *Bodhicaryâvatâra* : pour maîtriser les ennemis ordinaires, il est besoin d'une force physique, voire d'armes, dans lesquelles on peut investir jusqu'à des billions de dollars. Pour maîtriser l'ennemi intime en revanche, il n'est besoin que de développer les facteurs qui engendrent la sagesse par laquelle on réalise la nature ultime des phénomènes. Nul besoin d'arme tangible, nul besoin non plus de gros muscles. Voilà ce qu'est la vérité.

O illusions trompeuses !
Quand l'œil de la sagesse vous délaisse,
Quand mon esprit vous dissipe, où donc irez-vous ?
Où établirez-vous votre demeure pour pouvoir encore me nuire ?

Mais, esprit faible, je ne sais pas faire d'effort pour vous résister[42].

En fait, lorsque j'ai reçu l'enseignement oral concernant ce texte de la part du regretté Kunu Lama Rinpoché, j'ai cru que le *Bodhicaryâvatâra* affirmait que les illusions sont d'une nature faible et humble. Ce n'est pas vrai, il répond aussitôt qu'il n'est pas besoin d'une bombe atomique pour les détruire ! C'est bien ce que Sântideva exprime ici : une ferme détermination suffit à les défaire. Engendrer la sagesse en accomplissant la vraie nature de l'esprit suffit à les mettre en déroute. Il vous faut donc comprendre également, tant la nature relative des pensées et des émotions négatives, que la nature ultime de tous les phénomènes. Dans la terminologie technique bouddhiste, cette vision s'appelle *la vraie vision dans la nature de la vacuité*. Mais Sântideva fait allusion à un autre domaine dans lequel l'ennemi intime est plus faible. A l'inverse de l'ennemi qui vient du dehors, l'ennemi du dedans ne peut regrouper ses troupes et tenter un nouvel assaut une fois qu'il a été détruit de l'intérieur.

ONZE

Maîtriser la colère et la haine

Nous avons abordé la nature trompeuse et destructrice des illusions. La haine et la colère, quant à elles, sont les plus grands obstacles sur le chemin de bodhicitta. Et si les bodhisattvas ne doivent jamais générer la haine, ils doivent en revanche la contrecarrer. Et c'est là qu'est essentielle la pratique de la patience, de la tolérance. Lorsqu'il débute le sixième chapitre de son texte intitulé « Patience », Sântideva s'attache à montrer la gravité des ravages et du tort que peuvent engendrer la colère et la haine : ils nous font du mal aujourd'hui et dans l'avenir et peuvent même détruire tous nos mérites passés. Puisqu'il faut au yogi maîtriser et contrecarrer ces pulsions, Sântideva s'emploie à montrer l'importance qu'il y a à identifier les facteurs qui les engendrent. Les principaux sont l'insatisfaction et le mal être. Se sentir malheureux et insatisfait fait naître un sentiment de frustration qui se transforme en haine et en colère.

D'où l'importance, sur laquelle Sântideva insiste, d'éviter l'émergence au plan mental du sentiment de malheur – lequel naît si l'on se sent soi-même menacé, ou si une menace pèse sur ceux qui nous sont chers, si l'on est éprouvé par un revers ou encore si les autres nous empêchent d'arriver à nos fins. L'insatisfaction et la détresse qui s'ensuivent jouent alors le rôle de combustible, allumant la haine et la colère. C'est pourquoi il faut dès le tout début éviter ce genre de circonstances afin de garantir la paix de l'esprit.

Sântideva met aussi l'accent sur le point suivant : il nous faut utiliser tous les moyens à notre disposition pour contrecarrer et éliminer l'offensive de la haine puisque sa seule fonction est de nous faire du mal. Voilà un très sage conseil.

Après avoir trouvé un bon combustible dans l'insatisfaction,
En m'empêchant de faire ce que je souhaite
Et en me faisant faire ce que je ne veux pas,
La haine croît et me détruit [43].

Et si conserver un état d'esprit équilibré et serein même face à l'adversité est la clé qui prévient la haine, alors, il faut de suite s'enquérir de la façon d'y parvenir. Sântideva dit que face à des circonstances adverses, le sentiment de détresse n'aide en rien à surmonter la situation. Car s'il est futile, il ne fera qu'aggraver en fait l'anxiété qui nous étreint et nous transporte dans un état d'esprit aussi inconfortable qu'insatisfaisant. On perd alors tout sang-froid. L'angoisse et la détresse vous rongent petit à petit, affectant jusqu'à votre sommeil, votre appétit et votre santé. A dire vrai, si la peine initiale vous avait été infligée par un ennemi, votre détresse mentale pourrait même devenir une source de plaisir pour celui-ci. C'est la raison pour laquelle il est vain d'éprouver de l'insatisfaction devant une circonstance contraire comme il est vain, en l'occurrence, d'exercer des représailles sur celui qui a causé cette peine.

Sântideva va d'ailleurs plus loin en arguant du fait que, si le problème peut trouver une solution, il n'est pas nécessaire de se troubler outre mesure. Et que si, au contraire, rien ne peut être fait pour résoudre la difficulté, alors il est inutile de se rendre malheureux. Dans les deux cas, être malheureux et accablé ne résout rien.

En règle générale, on peut distinguer deux sortes de haine et de colère issues de l'insatisfaction. La première est celle qui naît après que l'on vous a infligé une peine, une épreuve. La seconde est celle qui naît, sans que vous soyez directement affligé, à la seule vue de la réussite et de la prospérité de vos ennemis.

De la même manière, il existe deux sortes de peine causée par autrui. La première est une douleur physique directe ressentie de manière consciente. La seconde est celle qui atteint vos biens matériels, votre réputation, votre sens de l'amitié, etc. Bien qu'ils n'affectent pas directement le corps, ces maux vous affligent tout autant. Que l'on vienne à vous donner un coup de bâton, vous aurez mal et éprouverez de la colère. Mais ce n'est pas à l'instrument de la douleur que vous vous en prendrez. Quel est l'objet exact de votre colère ? S'il convenait de se fâcher contre le facteur ayant induit l'acte de battre, alors ce n'est pas à la personne qu'il faudrait s'en prendre mais bien aux émotions négatives qui l'ont conduite à faire ce geste. Il est vrai que nous ne faisons pas d'ordinaire de telles distinctions. C'est la personne – l'agent intermédiaire entre l'émotion et l'acte – que nous considérons comme seule responsable, et c'est contre elle que nous éprouvons de la rancune – et non contre le bâton ni contre les illusions.

Il serait bon par ailleurs que nous prenions conscience de la chose suivante : puisque nous avons un corps physique capable de ressentir de la douleur lorsqu'il reçoit un coup de bâton, notre propre corps contribue en partie à cette expérience de douleur. Du fait de sa nature, nous faisons l'expérience de la douleur physique alors même qu'aucune cause extérieure ne l'induit. Il est donc tout à fait clair que l'expérience de la souffrance ou de la peine est la résultante d'une interaction entre notre propre corps et des facteurs extérieurs variés.

Réfléchissons également sur la façon dont, si le fait d'infliger de la douleur à autrui est la nature essentielle du bourreau, il n'y a pas lieu de lui en vouloir puisque ni vous ni lui ne pouvez changer sa nature essentielle. Car si sa nature est d'infliger la douleur, la personne sera tout simplement incapable d'agir autrement. Comme le dit Sântideva :

Même si c'était la nature de l'enfant
Que de causer du tort à autrui,
Il serait incorrect de lui en vouloir.
Ce serait reprocher au feu d'avoir pour nature de brûler [44].

D'autre part, si faire du mal n'est pas la nature essentielle de la personne, mais une manifestation de circonstances, purement occasionnelles, il n'est pas nécessaire de se fâcher contre elle dans la mesure où le problème n'est qu'une question de circonstances et de conditions immédiates. Pour peu par exemple que la personne en question ait perdu son sang-froid, elle se sera mal comportée sans pour autant en avoir eu l'intention.

Lorsque vous éprouvez de la colère contre ceux qui ne vous ont pas fait de mal directement mais dont vous percevez qu'ils sont en train de tenter de vous barrer la route de la renommée, de la reconnaissance sociale, de meilleurs revenus, etc., il faut que vous fassiez le raisonnement suivant : « Pourquoi me formaliser et m'offusquer de ce problème-là ? » Analysez plutôt la nature de ce que ce succès – cette renommée, que sais-je ! – va vous empêcher de faire. Examinez avec soin les profits qu'il va vous apporter. Sont-ils vraiment importants ? Vous verrez qu'ils ne le seront pas tant que cela. Et puisque leur importance est moindre, pourquoi se mettre en colère contre celui qui en est la cause ? C'est là une démarche utile.

Par ailleurs, si vous ressentez de la colère parce que vos ennemis connaissent des succès et prospèrent, rappelez-vous simplement que la colère, la haine ou la détresse dont vous êtes la proie n'affectent pas d'un iota les richesses ou les succès qui sont les leurs. C'est la raison pour laquelle ces sentiments, même de ce point de vue, sont vains et sans objet.

A l'observance de la patience, les yogis qui s'inspirent du texte de Sântideva ajouteront le développement de bodhicitta – l'attitude altruiste qui tend à l'illumination pour le bien de tous les êtres sensibles –, ainsi que le développement de la compassion, comme celui de la transformation de la pensée. Si, en dépit de cette pratique, ils persistent dans leur ressentiment à l'égard du succès de leurs ennemis, il leur faudra se souvenir que cette attitude n'est pas de mise chez un adepte de bodhicitta. Et quand le comportement négatif persiste, le principe suivant : « Je suis un pratiquant de bodhicitta, je vis en accord avec les préceptes de la transformation de la pensée » devient caduc et se vide de sens. Par contre, un yogi authentique se réjouira que les autres aient été capables de parvenir à leurs fins sans l'aide d'autrui. Au lieu d'être aigri, il participera à leur joie.

En prolongeant le raisonnement, on parvient à cette constatation : si un ennemi vous cause du tort, soyez-lui-en reconnaissant ! Car c'est bien ce genre de situations qui permet de mettre à l'épreuve notre pratique de la patience – fameuse opportunité à ne pas laisser passer. Car voilà bien l'occasion de s'adonner non seulement à la patience mais aussi aux idéaux du bodhisattva. Nous pouvons ainsi accumuler les mérites et les avantages y afférant. Quant à votre pauvre ennemi, il lui faudra en fin de compte assumer les conséquences de ses actes. Et la situation se retourne : c'est un peu comme si celui qui cause la peine se sacrifie à notre profit. Et puisque le mérite que nous avons accumulé ne l'a été que grâce à l'opportunité que notre ennemi nous a fournie, c'est donc à lui qu'il faut en dédier les bienfaits. Voilà dans quel sens le *Bodhicaryâvatâra* parle de la bonté de l'ennemi.

Cependant, en reconnaissant la bonté de l'ennemi, nous pourrions garder présent à l'esprit que celui-ci ne l'a pas voulu. D'où le fait qu'il ne serait pas utile de se rappeler cette bonté. Si, pour respecter ou chérir quelque chose, une intention en conscience doit intervenir, l'argument s'applique de la même façon aux autres sujets. La cessation véritable de la souffrance et les vrais chemins qui mènent à cette cessation – par exemple – n'ont pas l'intention consciente d'être bénéfiques. Cependant, nous les respectons et les honorons. Pour quelle raison ? Parce que nous en tirons profit. Et si les avantages que nous en retirons justifient assez le respect que nous portons à ces deux nobles vérités, malgré l'absence d'intention consciente qui les anime, alors le même raisonnement s'applique à l'ennemi.

Mais il existe une différence majeure entre l'ennemi et les deux nobles vérités suivantes : la vraie cessation et le vrai chemin. Au contraire des secondes, le premier est conscient de vous faire du mal. Cette différence n'est pourtant pas une raison valable pour ne pas respecter l'ennemi. En fait, ce serait même une raison supplémentaire de lui être reconnaissant, car c'est justement ce point spécial qui fait de votre ennemi un être unique. Si la moindre petite douleur physique était suffisante pour se faire des ennemis, que serait alors votre médecin de famille, administrateur de traitements qui font souvent mal ? Il vous faut également, parce que vous pratiquez la compassion et bodhicitta, développer la tolérance. Or afin de pratiquer avec sincérité et d'éprouver votre patience, vous avez besoin de quelqu'un qui vous fasse du mal volontairement, afin de vous donner l'opportunité de pratiquer ces vertus en grandeur réelle. Ce quelqu'un teste notre force intérieure d'une façon qui n'est pas même accessible à notre gourou. C'est ainsi que l'ennemi est *le seul* qui puisse nous donner l'occasion en or. Remarquable conclusion, n'est-ce pas ! Cette démarche et la méditation de ces quelques idées directrices vous amèneront au respect de vos ennemis. Tel est le premier message de Sântideva dans le sixième chapitre.

Une fois le principe du respect de l'ennemi acquis, il vous est facile de repousser les principaux obstacles à l'exercice de l'altruisme infini. Et Sântideva de bien préciser que, dans le *Bodhicaryâvatâra,* tout comme le champ des bouddhas, celui des êtres sensibles contribue grandement à la réalisation de l'omniscience. En effet, cette dernière ne peut être atteinte sans la bonté des premiers comme des seconds.

A ceux qui se prétendent les disciples du Bouddha Sâkyamuni et qui respectent les idéaux du bodhisattva,

Sântideva affirme qu'il est incorrect d'éprouver de la rancune et de la haine pour ses ennemis alors que les bouddhas et les bodhisattvas chérissent tous les êtres sensibles sans exception : êtres sensibles parmi lesquels on compte bien sûr nos chers ennemis. En leur tenant rancune, on va à l'encontre des idéaux et de l'expérience des bouddhas et des bodhisattvas, qui sont ceux que nous tentons d'imiter.

Et même en utilisant les mots habituels, plus on éprouve de respect, plus on ressent de l'affection pour une personne, et plus on la considère, tâchant même d'éviter de se comporter d'une manière qu'elle désapprouverait, de peur de l'offenser. On essaye également de tenir compte de la façon de pensée de notre ami, de ses principes, et ainsi de suite. Tâchons de faire pour les bouddhas et les bodhisattvas ce que nous ferions pour nos amis de tous les jours : faisons même mieux, car nous pratiquons les idéaux du bodhisattva, et cessons de tenir rancune à nos ennemis.

Sântideva conclut ce chapitre sur la patience en expliquant les avantages que l'on retire de cette pratique. En résumé, la patience ne se contente pas de nous permettre d'atteindre un état d'omniscience dans l'avenir : elle nous permet d'avoir un profit immédiat dans notre vie quotidienne, celui qui consiste à maintenir la paix de l'esprit et la joie de vivre.

Dans cette pratique de la patience qui tend à maîtriser la rancœur et la haine, il est essentiel de disposer d'une grande force, celle de l'effort joyeux. Elle nous rend plus habile. Et Sântideva d'ajouter qu'il nous faut être attentif à procéder ici comme dans les actes de la vie courante. Car quand on fait la guerre, on tente d'infliger la plus grande défaite possible à l'ennemi tout en se préservant soi-même de la douleur qu'il pourrait nous causer. Il en va ainsi de la pratique de l'effort joyeux. Il est essentiel de parvenir au plus grand succès possible sans qu'il porte atteinte ou retarde les autres pratiques.

DOUZE

Soi-même et les autres : prendre la place de l'autre et laisser l'autre prendre sa place

Dans le chapitre consacré à la méditation, le *Bodhicaryâvatâra* offre une explication de la méditation véritable qui permet d'atteindre l'éveil pour le profit de tous les êtres humains. Sântideva fonde son enseignement sur l'ouvrage de Nâgârjuna, le *Ratnâvali (La Précieuse Guirlande)* [45]. C'est la raison pour laquelle il explique les techniques permettant de cultiver l'aspiration altruiste ; elles consistent à se considérer comme l'égal d'autrui et à se mettre à sa place[46].

Cela signifie en fait qu'il faut parfaitement comprendre et intégrer le précepte suivant : « Quand je souhaite trouver le bonheur et éviter la souffrance, il en va de même de tous les autres êtres vivants qui sont en nombre aussi infini que l'espace : eux aussi désirent trouver le bonheur et éviter de souffrir. » Sântideva développe l'idée que, de même que nous œuvrons pour notre profit en cherchant le bonheur, il nous faut œuvrer au profit d'autrui qui poursuit la même quête.

Et Sântideva d'avoir recours à l'argument suivant : bien que notre corps soit un ensemble d'éléments disparates – que sont la tête, les membres et tout le reste – tant que le besoin de les protéger se fait sentir, il n'est plus question de cette disparité : toutes ses parties sont également constitutives d'un seul et même corps. Il en va de même pour les êtres sensibles. Ils ont tous la même tendance naturelle à la quête du bonheur et à la libération de la souffrance, et tant que celle-ci est leur sujet de préoccupation, il n'existe plus de différence entre eux. Par conséquent, nous ne devrions pas entretenir d'attitude discriminatoire entre nous et les autres dans notre quête du bonheur.

Voilà un sujet de réflexion, une remise en question qui nécessite des efforts sérieux, car il faut dissoudre cette attitude qui est la nôtre, consistant à nous considérer comme séparé et distinct des autres. Nous avons vu que le dénominateur commun est la quête du bonheur et la délivrance de la souffrance. Ainsi le *droit naturel* au bonheur n'est pas l'apanage de quelques-uns mais bien un droit universel. Tous les êtres sensibles bénéficient de ce même droit naturel. Où donc se trouve la différence ? Dans le nombre d'êtres sensibles concernés, car quand on parle de notre propre bien-être, seul un individu est en cause tandis que lorsqu'on parle de celui d'autrui, on embrasse le bien-être d'un nombre infini de personnes. Ceci suffit à nous faire prendre conscience que la quiétude d'autrui est plus importante que celle d'un seul individu, nous-même.

Si le confort d'autrui et le nôtre étaient totalement indépendants l'un de l'autre, il serait justifié de négliger le premier. Mais ce n'est pas le cas. Que je sois un homme ordinaire, que je chemine sur la voie, ou même que j'aie accompli l'état qui en résulte, je suis toujours relié aux autres et fortement dépendant d'eux. Réfléchir à cela permet d'entrevoir naturellement l'importance d'œuvrer au profit d'autrui.

Il faut encore envisager quelque chose : malgré tous les arguments que nous venons d'évoquer, est-ce que piétiner dans l'égoïsme et l'égocentrisme permet d'atteindre le bonheur et de réaliser ses aspirations ? Si tel était le cas, persister dans cette attitude se comprendrait. Cependant il n'en est rien. La nature de notre existence est telle que nous sommes dépendants de la coopération et de la bonté des autres pour notre survie. C'est un fait observable que plus on prend à cœur le bien-être d'autrui, plus on en retire un profit personnel. Alors que l'égoïsme et l'égocentrisme font de vous des êtres misérables et solitaires. Vous pouvez constater cette vérité par vous-même chaque jour.

Voilà pourquoi si vous voulez œuvrer à votre propre profit et à votre propre quiétude, il vous faut suivre les préceptes du *Bodhicaryâvatâra* et prendre en compte le bien-être d'autrui en le considérant comme plus important que le vôtre. Méditer sur ces propositions contribuera à fortifier votre attitude et à mieux œuvrer au bien-être d'autrui.

Nous pouvons également compléter la pratique de bodhicitta par des méditations sur les différents facteurs de la sagesse. On peut par exemple réfléchir à la nature de bouddha, cette potentialité à rendre active, à mettre en œuvre l'essence du bouddha qui réside en nous et en tous les êtres sensibles. On peut encore réfléchir à la nature ultime des phénomènes, à leur nature vide en utilisant un raisonnement logique pour s'assurer de la nature de la réalité. On peut réfléchir enfin à la cessation de la souffrance et au fait qu'elle est possible par la nature fortuite de l'ignorance qui, bien qu'elle en soit la cause racine, peut de ce fait être séparée de la nature essentielle de l'esprit. Pensez et méditez sur les facteurs de la sagesse, maintenez une pratique régulière de la compassion et de l'altruisme en faisant un effort sur une longue période et vous verrez le changement réel qui s'opérera dans votre esprit. C'est la raison pour laquelle dans le *Bodhicaryâvatâra,* la discussion sur la pratique de bodhicitta est immédiatement suivie du chapitre sur la sagesse, lequel – au contraire de ceux qui le précèdent – est difficile et complexe. Je suis sûr que Sântideva, dont la compassion était grande et qui était particulièrement doué pour exprimer des idées avec simplicité et brièveté, aurait été plus simple s'il l'avait pu. Mais ce n'est pas le cas dans le chapitre sur la sagesse. Il nous faut donc faire un effort plus grand pour le comprendre correctement. Il nous faut travailler plus dur. C'est là la seule voie.

TREIZE

Questions et réponses

QUESTION. En Occident, je trouve que la pression est plus forte : il faut toujours faire plus et aller vite, ce qui engendre le stress et l'impatience. Votre Sainteté a dit qu'il est préférable que les Occidentaux ne quittent pas l'Occident, mais quelles sont les méthodes et les techniques spécifiques qu'elle recommande pour enrayer ce stress et cette impatience ?

SA SAINTETÉ LE DALAÏ-LAMA. C'est difficile à dire. Cela dépend de l'attitude mentale que vous adoptez. Même si vous êtes une personne très occupée, toujours pressée, si vous êtes en mesure de maintenir un certain calme d'esprit, cela pourra vous aider. Pour choisir le bon antidote, il serait bon de le tester par vous-même.

QUESTION. Votre Sainteté, étant donné que la politique est le premier système qui affecte la famille, n'est-il pas essentiel que ceux qui vivent de façon authentique la voie du bodhisattva s'engagent en politique ou, au moins, s'éduquent de façon objective ?

SA SAINTETÉ LE DALAÏ-LAMA. Un bodhisattva cultive l'aspiration à réaliser l'illumination parfaite au profit de tous les êtres vivants. Il a pris l'engagement d'agir de la façon la plus profitable pour parvenir à cette fin : œuvrer pour les autres. Ceci inclut le champ de la politique. Si un bodhisattva est sûr que prendre une part active en politique peut lui permettre d'apporter un grand changement au sein de la communauté ou de la société, alors il doit absolument s'engager en politique.

QUESTION. Votre Sainteté, hier, vous avez traité de la relation que nous devions entretenir avec notre ennemi. Que disent les écritures bouddhistes de ceux qui sont des malades mentaux ?

SA SAINTETÉ LE DALAÏ-LAMA. Les écritures bouddhistes invitent à faire preuve d'une bonté et d'une compassion exceptionnelles envers ces personnes. L'un des idéaux les plus importants que compte la pratique du bodhisattva est la compassion envers ceux qui ont besoin d'aide, comme ceux qui souffrent de handicaps tant physiques que mentaux.

TROISIÈME PARTIE

Le bouddhisme Vajrayâna du Tibet

QUATORZE

Les principales caractéristiques du tantra

Je vais maintenant vous parler un peu du tantra bouddhiste qui est le système de pensée et de pratique que l'on connaît mieux sous le nom de Vajrayâna.

Il existe différentes versions de l'évolution chronologique des enseignements du tantra bouddhiste proposant des dates et des lieux différents pour leur transmission[47]. En tout état de cause, il n'est pas nécessaire de présumer qu'ils furent tous proposés par le Bouddha au cours de sa vie historique. Je crois plutôt qu'ils en sont comme l'émanation, émergeant des visions extraordinairement pénétrantes d'individus hautement réalisés capables d'explorer dans leur plénitude les éléments physiques et le potentiel profond de l'esprit et du corps de l'homme. Au cours de cette quête, un pratiquant peut parvenir à des visions et des réalisations supérieures lui permettant de recevoir les enseignements tantriques sur un niveau mystique. C'est la raison pour laquelle il ne faut pas limiter dans ce domaine notre perspective par des notions spatio-temporelles trop rigides.

Et si, semble-t-il, certaines séries de tantras appartiennent à la classe inférieure des tantras que le Bouddha transmit, alors qu'il était moine ordonné parfait, dans la plupart des cas, il enseigna chaque tantra après avoir revêtu la forme de la divinité principale du mandala correspondant à ce tantra particulier.

Ce n'est que lorsqu'une personne est fermement engagée sur la voie de l'éveil telle qu'elle est décrite dans les sûtras – comme j'en ai précédemment parlé – qu'elle peut s'engager dans la pratique du tantra. Cela signifie qu'elle doit avoir une attitude montrant qu'elle souhaite totalement abandonner les causes de la souffrance, qu'elle possède une vision correcte de la vacuité telle que la décrit le Deuxième Tour de la Roue du Dharma, et qu'elle doit avoir atteint certaines réalisations de bodhicitta – l'aspiration altruiste fondée sur l'amour et la compassion afin d'atteindre l'éveil pour le profit de tous les êtres vivants. Lorsqu'on a expérimenté tout cela et que l'on pratique les six perfections, on est donc capable de poser les bases solides de la voie commune au sûtra et au tantra.

La profondeur du tantra apparaît dans sa plénitude dans les enseignements et les pratiques du Tantra Yoga supérieur. Par exemple, le sens des expressions comme « une sagesse immaculée », « l'essence de la nature de bouddha », et ainsi de suite, qui se trouvent dans certaines écritures du Troisième Tour de la Roue du

Dharma n'émergent que dans le Tantra Yoga supérieur. Que l'on considère ou non que l'*Uttaratantra* parle explicitement de l'esprit comme claire lumière fondamentale et non née de l'esprit, ceci est la nature fondamentale de l'esprit qui est le sens ultime de l'essence de la nature de bouddha. Ainsi c'est dans ces termes que l'on doit comprendre l'intention ultime de cet enseignement sur la nature de bouddha, la claire lumière fondamentale et non née de l'esprit étant bien explicitement et dans toutes ses dimensions enseignée dans le Tantra Yoga supérieur.

On considère ce dernier comme unique et son approche comme particulièrement profonde. Il explique d'une part les méthodes permettant de réaliser la voie à un niveau peu affiné de l'esprit, mais il enseigne aussi les techniques variées et les méthodes permettant d'utiliser l'esprit à des niveaux beaucoup plus subtils – en particulier celui de la claire lumière fondamentale et non née de l'esprit – afin de transformer ceux-ci en voie d'éveil. Et lorsqu'on est capable d'opérer cette transmutation, alors on est pourvu d'une pratique extrêmement puissante.

En temps normal, on aborde la méditation concentrée sur un seul objet par les niveaux encore élémentaires de l'esprit. Et par voie de conséquence, il est nécessaire d'être très attentif et très vigilant afin de maintenir l'attention sur l'objet de la méditation et d'éviter que l'esprit se laisse distraire par les sollicitations. C'est la raison pour laquelle une vigilance et une pleine conscience sont toujours de rigueur. Cependant, si nous pouvons dépasser les niveaux grossiers de l'esprit – tels que les processus de la pensée consciente qui est souvent sollicitée –, il n'est pas nécessaire de faire preuve d'une vigilance aussi forte et incessante. Ainsi le Tantra Yoga supérieur propose une technique méditative spécifique permettant de dissoudre et de renoncer aux niveaux grossiers de l'esprit : il offre à celui-ci la possibilité de travailler aux niveaux les plus subtils où aucune sollicitation, aucune distraction ne peuvent même germer.

Du point de vue de la pratique générale du Tantra Yoga supérieur, la méthode permettant d'utiliser la claire lumière fondamentale et non née de l'esprit, comme moyen sur la voie, consiste à dissoudre et à renoncer tant aux niveaux grossiers de l'esprit qu'aux souffles-énergies qui les sous-tendent. Les trois voies principales qui en sont les vecteurs sont : le yoga du souffle ou prânayoga, la génération des quatre types de félicité et le perfectionnement de l'état de non-conception[48].

Il est essentiel de comprendre que ces différentes méthodes sont bien distinctes les unes des autres. Les trois permettent de réaliser la prouesse dont nous avons parlé plus haut : dissoudre et renoncer aux niveaux grossiers de l'esprit comme aux énergies qui leur correspondent. Mais il nous faut ici faire encore une distinction. S'il est possible d'atteindre ce but par n'importe laquelle de ces trois méthodes, rien ne dit qu'une seule d'entre elles soit suffisante. Il faut donc compléter la pratique de la technique principale par divers autres facteurs. Créer par exemple une pensée vertueuse aujourd'hui peut permettre par la suite d'atteindre à l'omniscience, même si cela ne signifie pas non plus qu'elle aura été la seule à y contribuer.

Dans *Manjusrîmukhâgama (Les Paroles sacrées de Manjusrî)* qui est un texte sur l'état de plein accomplissement de Guhyasamâja Manjusrîvajra[49], le maître indien Buddhasrîjnâna affirme même la chose suivante : c'est grâce à la structure physique des corps humains sur cette planète et aux éléments qu'ils possèdent qu'à certaines occasions – même à un niveau ordinaire –, il nous arrive d'avoir de légères expériences du niveau subtil de l'esprit, que l'on nomme claire lumière ou état de non-concept. De telles occasions peuvent se présenter au cours du sommeil, d'un éternuement, d'un évanouissement ou d'un orgasme. Elles nous montrent qu'il existe en nous une potentialité, une graine qui peut se développer et grandir. Parmi ces quatre occasions qui naissent naturellement, celle qui fait le mieux naître l'expérience de claire lumière est sans doute l'orgasme. Et si ce mot fait référence à la sexualité, il ne faut pas prendre ce terme au sens ordinaire où on a coutume de l'entendre. Il fait référence ici à une expérience d'entrée en l'union avec un époux de sexe opposé, au cours de laquelle s'opère la fusion des éléments vitaux situés à la couronne dont le flux, la méditation, est renversé et projeté vers le haut pour s'élever. L'une des conditions préalables à l'engagement dans une pratique aussi avancée est que le pratiquant soit en mesure de s'abstenir d'éjaculer. Car l'émission de liquides sexuels – féminin ou masculin – est, dit-on, préjudiciable à cette pratique si l'on en croit les explications fournies par le *Kâlacakra*

Tantra. Lequel précise par ailleurs que l'adepte du tantrisme doit être capable d'éviter l'émission même pendant son sommeil. Aussi les tantras fournissent-ils des techniques permettant au méditant de maîtriser celle-ci au cours de ses rêves. Voilà qui contraste avec les règles monastiques du Vinaya où le Bouddha fit une exception en ne prohibant pas l'émission pendant les rêves. On considère alors que ce phénomène est situé au-delà du contrôle conscient du pratiquant. Le tantra, quant à lui, spécifie bien qu'il faut essayer d'éviter l'émission même pendant l'état de rêve.

Afin de faire l'expérience de cette fusion de bodhicitta[50], les méditants que nous sommes doivent créer les sentiments du désir que l'on éprouve normalement vis-à-vis d'une personne sexuellement attirante. Grâce à la force de ce désir, nous sommes alors capables de réaliser la fusion de ces éléments dans notre corps et de parvenir à un état non conceptuel. A ce moment-là, il vous faut diriger votre attention vers l'esprit de l'éveil et y demeurer.

A la suite de la fusion de bodhicitta en vous, un état non conceptuel bienheureux apparaît. Si vous êtes capable de transformer cet état en expérience de la vacuité, alors vous avez réussi l'exploit de transmuter une illusion en sagesse et d'accomplir la vacuité, même si cette sagesse n'était au départ qu'une émotion comme l'est le désir. Lorsque vous êtes en mesure d'utiliser l'état non conceptuel – c'est-à-dire l'esprit bienheureux – pour réaliser la vacuité, alors la sagesse ainsi générée est particulièrement puissante et sert d'antidote pour contrecarrer les émotions et les états cognitifs qui vous affligent. C'est la raison pour laquelle on peut dire en un sens que c'est l'illusion – sous la forme de la sagesse dérivée de l'illusion – qui détruit l'illusion, car c'est l'expérience bienheureuse de la vacuité induite par le désir sexuel qui dissout la force des instincts sexuels. On trouve une analogie dans le monde des insectes, nés dans le bois : ils consomment le bois dont ils sont issus. Cette utilisation des illusions, comme faisant partie intégrante de la voie de l'éveil, est un trait spécifique du tantra.

Afin d'illustrer ce point, lorsque le Bouddha enseigna divers tantras supérieurs, c'est sous la forme de la divinité principale du mandala, de l'union avec sa parèdre qu'il le fit. Voilà pourquoi les pratiquants doivent en imagination se visualiser sous l'aspect divin de la divinité fusionnant avec la parèdre.

Une autre particularité du tantra concerne la façon d'atteindre les deux kâyas : les manifestations d'un être éveillé. Le premier est le Corps formel ou rûpakâya, le second est le Corps de Vérité ou dharmakâya. Si l'on en croit les sûtras, le yogi, qui aspire de façon altruiste à atteindre l'état d'éveil complet, aspire également à parvenir aux deux manifestations de celui-ci. Dans tous les cas, les deux corps – ces deux manifestations – d'un être éveillé ne naissent pas, sans qu'il y ait des causes et des conditions qui concordent. Ce qui veut dire que les causes et leurs effets doivent avoir des caractéristiques similaires signifiantes. Cela dit, quand les sûtras parlent des causes du Corps formel de l'éveil, c'est en faisant référence à un corps mental unique réalisé par les seuls bodhisattvas des plans supérieurs. C'est là la cause substantielle qui, par des stades progressifs de purification, conduit en fin de compte à la mise en œuvre du corps formel d'un être illuminé. Les Ecritures du Véhicule individuel insistent également sur ce point. Et bien que leurs enseignements n'exposent pas toutes les causes et les méthodes permettant de mettre en œuvre l'état omniscient, elles parlent de certaines pratiques tendant vers les marques majeures ou mineures d'un être éveillé, d'un bouddha.

Le tantra possède une méthode unique pour parvenir au corps formel de l'éveil. Le Tantra Yoga supérieur ne se contente pas de fournir celle qui le concerne, il explique également celles qui permettent de réaliser le Corps de Vérité de l'éveil. Avant de se livrer à la pratique méditative qui sert de cause principale et substantielle au corps formel (et qui constitue donc la méthode pour y parvenir), les adeptes du tantra doivent affiner leurs facultés mentales. En d'autres termes, il faut en quelque sorte « répéter ». Telle est la principale signification du yoga de la divinité au cours duquel le méditant se visualise sous la forme d'une divinité.

Les tantras explicatifs, tels que le *Tantra de la Tente du Vajra (Vajrapajaratantra)*, comme les commentaires indiens qui les accompagnent insistent sur le fait que cet accomplissement du Corps de Vérité illuminé nécessite la pratique d'une voie qui présente des traits similaires au résultat auquel elle conduit. La pratique de la méditation sur la vacuité par l'intuition directe, où l'on renonce aux apparences de la dualité et aux concepts, fait partie des méthodes de ce type. Et de la même façon, pour obtenir le corps formel de l'éveil, il faut également cultiver une voie aux caractéristiques semblables à l'état qu'elle génère, le corps formel de l'être éveillé.

S'engager sur une voie telle que je viens de la décrire est porteur de beaucoup de sens et de puissance. C'est aussi une nécessité. Le tantra parle de la voie qui est semblable à son fruit de quatre façons, appelées les quatre puretés parfaites : la pureté parfaite de l'environnement, la pureté parfaite du corps, la pureté parfaite des ressources, la pureté parfaite des actes.

Pour parvenir au fruit qui en résulte – la fusion des deux corps de l'éveil – s'engager sur une voie caractérisée par l'union de la méthode et de la sagesse est essentiel. Toutes les écoles du Mahâyâna s'accordent là-dessus. Mais cette union, telle qu'elle est explicitée dans les sûtras, n'est pas complète. Car, dans leur contexte, « sagesse » fait référence à l'accomplissement de la vacuité et « méthode » à la pratique des six perfections. L'union des deux ne serait alors que la conjonction de deux facteurs distincts qui se complètent l'un l'autre – en d'autres termes la sagesse qui réalise la vacuité est complétée par les facettes méthodiques de la voie comme la pratique de bodhicitta, la compassion et ainsi de suite. De la même façon, la pratique de bodhicitta et les aspects méthodiques qui y sont liés sont complétés par la sagesse – l'accomplissement de la vacuité. En d'autres termes enfin, les sûtras ne considèrent pas que la voie comporte ensemble deux facteurs

– la sagesse et la méthode – qui forment une seule et même entité de la conscience.

Certes, lorsqu'on pratique l'union de la sagesse et de la méthode dans les systèmes des sûtras, elles ne sont en aucun cas isolées l'une de l'autre, mais il n'y a pourtant pas cette union complète des deux. C'est la raison pour laquelle la pratique des sûtras ne peut servir de cause ultime, de voie de mise en œuvre pour l'état qui en résulte, l'essence du bouddha, dans laquelle il existe une unité complète des deux corps de l'éveil : le Corps formel et le Corps de Vérité.

La question vient aux lèvres naturellement. Quelle est la forme de pratique, ou la voie, en laquelle méthode et sagesse se combinent dans une unité indissociable ? La réponse est la pratique tantrique du yoga de la déité. Car alors, dans l'instant où est appréhendée la forme divine, il y a une conscience claire de sa vacuité. La méditation sur la divinité et l'appréhension de la vacuité coexistent alors en une forme parfaite au sein d'un seul instant de connaissance. C'est pourquoi cet instant de conscience contient ensemble les deux facteurs : la méthode et la sagesse. Il s'appelle « le yoga Vajrasattva de l'indivisible union de la méthode et de la sagesse ».

Parmi les principales caractéristiques de la méditation du yoga de la déité, on notera l'importance de la notion de « fierté » adamantine, que le pratiquant développe, afin de modifier la perception qu'il a des choses ordinaires. Je pense pour ma part qu'elle est une aide précieuse pour faire croître la graine d'éveil qui est potentiellement en nous. Pour obtenir une identification stable à la divinité, il est nécessaire d'avoir développé, de manière forte et stable, la visualisation de la forme de la divinité, de son apparence. En temps normal, nos tendances naturelles et notre sens de soi, notre sentiment inné du « je » et du « mien » sont fondés sur l'ensemble composé de notre corps et de notre esprit ordinaires. S'il est possible de réussir une perception suffisamment claire et stable de soi sous l'aspect divin de la déité, nous serons alors en mesure de développer la « fierté » adamantine, sens de l'identité exaltée fondé sur cette apparence divine.

D'autre part, afin de mettre en œuvre l'esprit omniscient en nous, il faut également posséder les causes qui permettront d'y parvenir. Ces causes substantielles doivent être de la nature de la conscience – et non pas de n'importe quelle conscience : une conscience qui perdure et dont la continuité est très grande.

Résumons-nous. Pour mettre en œuvre l'esprit omniscient de la nature de bouddha, il est nécessaire de réaliser la nature de l'esprit. Or celle-ci est d'une nature vraiment très spécifique que l'on peut dire éternelle. Il ne peut s'agir d'aucune autre forme d'esprit. Parce que les états d'esprit erronés – aussi variés que les illusions, les émotions attristantes et les états cognitifs perturbés – sont fortuits et occasionnels : ils naissent ici et disparaissent aussitôt. De ce point de vue, ils ne sont pas durables. L'esprit dont on réalise la nature au moment où l'on devient omniscient est éternel. Sa continuité est éternelle et infinie. Il ne peut être provisoire. Ce qui signifie qu'on doit être capable de réaliser la nature vide de pur esprit, c'est-à-dire un esprit dont la nature essentielle n'a jamais été polluée par les illusions.

Du point de vue de la vacuité, on ne note aucune différence entre la vacuité d'un phénomène extérieur habituelle – comme un bourgeon – et la vacuité d'une divinité comme Vairocana. Mais si l'on se place du point de vue de l'objet de la vacuité, la différence est grande. C'est la sagesse qui réalise cette sorte particulière de vacuité, la vacuité de la divinité, qui sert finalement de cause substantielle à l'esprit omniscient de la nature de Bouddha. Voilà brièvement tracée l'essence du yoga de la déité. Lequel enveloppe dans une même union la clarté – la visualisation de la divinité – et la profondeur – l'accomplissement de la vacuité.

Si l'on en croit le système des sûtras, il est clair que pour ménager le bien-être et respecter les différents stades d'accomplissement sur la voie des pratiquants qui ne suivent pas le Mahâyâna, le Bouddha ne fit jamais d'exceptions afin d'éviter les interprétations erronées. Cependant, un bodhisattva peut rencontrer des occasions, relatées dans les sûtras, où l'on peut faire des exceptions et dans lesquels l'utilisation de certaines formes d'erreur ou d'illusion peut être bénéfique au but d'autrui. C'est dans les sûtras du Mahâyâna que le Bouddha a dit que, tout comme les ordures – malgré leur saleté – font merveille comme fertilisant, les illusions des bodhisattvas peuvent être utiles au bien-être d'autrui. Et même dans ce cas, il n'a jamais fait d'exception autorisant un bodhisattva à se livrer à la haine ou à la colère. Il reste que, pour les gens de notre espèce, les gens ordinaires en somme, la colère est parfois une émotion pleine de force et d'élan qui permet, semble-t-il, d'expédier plus facilement certaines tâches. Et voilà pourquoi, dans le tantra, le Bouddha a fait quelques exceptions à l'utilisation de la colère – car on y trouve des techniques permettant d'utiliser l'énergie des émotions, voire de la haine, à des fins positives. Mais il nous faut être bien conscient d'une chose ; il est nécessaire pour ce faire de maintenir sans faille la motivation originelle qui nous anime, cette aspiration altruiste à atteindre l'éveil pour le bien d'autrui. Sous l'effet de cette intention première et prioritaire, surpassant toutes les autres, nos actes peuvent trouver un élan circonstanciel dans la colère ou la haine. Si l'on saisit ce point crucial, on peut également comprendre le sens des faces courroucées des divinités du tantra.

C'est ainsi que tout ce qui vient d'être dit des différences séparant le système des sûtras de celui du tantra nous éclaire sur les caractéristiques de la voie tantrique et sur les raisons qui en font la voie supérieure.

QUINZE

Les divisions du tantra

Comme l'explique le *Tantra de la Tente du Vajra*, il existe quatre catégories au sein du système tantrique, mais ce n'est que dans le Yoga Tantra supérieur que les caractéristiques uniques du tantra trouvent leur pleine expression. Il faut donc considérer les tantras inférieurs comme les marches conduisant au Yoga Tantra supérieur. Et si la variété des méthodes qui utilisent le désir pour s'engager sur la voie est commune aux quatre classes, le type de désir, quant à lui, diffère considérablement d'une classe à une autre. Dans la première, on utilise sur la voie le désir qu'induit le regard que l'on pose sur une personne attirante de l'autre sexe. Puis les trois classes suivantes ont recours au désir qui naît du sourire et du rire partagé avec cette personne, du toucher et de la rencontre des mains, et enfin du désir contenu dans l'union sexuelle.

Les noms des quatre catégories correspondent à leur fonction comme à leurs caractéristiques. Dans le Tantra de l'Action, ce sont les actions extérieures que l'on considère comme plus importantes que le yoga de l'intérieur : il s'agit d'acquérir des habitudes de propreté et de purification ainsi que la gestuelle symbolique des mudrâs. C'est la raison pour laquelle on le nomme Tantra de l'Action.

Quant à la seconde catégorie, le Tantra de la Conduite, celui-ci porte la même attention aux aspects tant extérieurs qu'intérieurs tandis que le troisième tantra, le Tantra Yoga, insiste sur la stabilisation du yoga de l'intérieur par la méditation.

La quatrième sorte de tantra enfin, le Tantra Yoga supérieur, est ainsi nommé parce qu'il met l'accent sur l'importance essentielle du yoga de l'intérieur et qu'aucun autre tantra ne vient le surpasser.

Si l'on s'en tient aux explications et à la terminologie particulière fournie par une école – en l'occurrence l'école de la Grande Perfection ou Dzogchen –, il existe une division des yânas en neuf parties également appelées neuf degrés de la voie [51].

Les trois premiers sont : la voie de l'Auditeur, celle du Réalisateur Solitaire et celle du Bodhisattva. Ils se réfèrent aux Véhicules tels que les enseignent les sûtras. On les appelle encore les *Trois Véhicules qui viennent de l'origine de la souffrance*. Les trois suivants sont le Tantra de l'Action, le Tantra de la Conduite et le Tantra Yoga. On les appelle les Véhicules extérieurs ou les tantras extérieurs pour l'accent qu'ils mettent sur les activités externes : rituels, purifications, etc. On les appelle encore les Tantras de la Conscience austère car les enseignements tantriques prônent certaines contraintes corporelles : observance du jeûne, de régimes alimentaires particuliers, etc. Enfin viennent les trois tantras intérieurs : le Tantra Père, le Tantra Mère, le Tantra non duel ou encore, si l'on prend la terminologie de l'école de la Grande Perfection : Mahâyoga, Anuyoga et Mahâtiyoga. On les appelle encore *Véhicules des moyens tout-puissants*. Ils proposent en effet des méthodes permettant de manifester les plans les plus subtils de l'esprit en dissolvant les plans grossiers de l'esprit et des énergies.

Par ce moyen, le yogi perce son mental très profondément, et va au-delà des polarités, de la discrimination entre bien et mal, sale ou propre, etc. C'est ainsi qu'il est en mesure de transcender les conventions habituelles gouvernées par ces polarités.

SEIZE

Initiation : la transmission de pouvoir

On trouve bon nombre de subdivisions au sein des quatre classes de tantra. Le Tantra Yoga supérieur en comporte certaines, comme le Tantra Père, le Tantra Mère et, si l'on écoute certains érudits, le Tantra non duel. Les grands érudits tels que Taktsang Lotsawa Sherab Rinchen favorisent cette division en trois catégories en se fondant sur les trois initiations qui mûrissent les différentes facultés de l'élève vers le stade de l'achèvement. De ce point de vue, on regroupe les tantras de l'initiation secrète sous l'appellation Tantras Père, ceux qui initient à la connaissance de la sagesse sous l'appellation Tantras Mère, et ceux qui proposent la quatrième initiation sous l'appellation Tantras non duels. Cette division en trois parties est pleine de sens.

De même que l'accomplissement de bodhicitta – en tant qu'aspiration à l'éveil complet pour le bien de tous les êtres vivants – est l'entrée dans la pratique de la voie du bodhisattva selon la voie des sûtras, de la même façon, la transmission de pouvoir – ou initiation – est la seule entrée possible dans la pratique du tantra. Le rite général de la cérémonie de transmission de pouvoir est tout à fait semblable en ce qui concerne les trois tantras inférieurs. En revanche, et du fait de la grande diversité des tantras qu'il contient, le Tantra Yoga supérieur comporte une très grande diversité d'initiations, qui sont autant de facteurs de maturation et d'éveil propres aux différents tantras.

On compte aussi des distinctions concernant le nombre de transmissions de pouvoir nécessaires à chaque catégorie spécifique de tantra. Dans le cas du Tantra de l'Action, deux d'entre elles sont indispensables : la transmission de pouvoir de l'eau et celle de la couronne. Le Tantra de la Conduite, quant à lui, exige les cinq initiations de la sagesse. Dans le Tantra Yoga, en plus de ces dernières, il est nécessaire de procéder à la transmission de pouvoir du maître-vajra. Et dans le Tantra Yoga supérieur où les quatre transmissions de pouvoir – celles du vase, du secret, de la connaissance de la sagesse, et du mot – sont indispensables.

Les traditions variées usent de termes différents pour ces transmissions de pouvoir. Prenons l'exemple de l'école Nyingmapa. Conformément à la tradition du Mahâyoga, l'initiation du maître-vajra est appelée l'*initiation potentielle*, celle du disciple-vajra l'*initiation bénéfique*. On fait aussi référence à une autre sorte de transmission de pouvoir : l'*initiation du vajra tout-puis-*

sant. De plus, dans l'école Dzogchen, la quatrième initiation est divisée en quatre sous-catégories : les initiations avec élaboration, celles sans élaboration, celles qui sont grandement libres d'élaboration, celles qui sont totalement libres d'élaboration.

En règle générale, le mot sanscrit *abhiseka*, souvent traduit par initiation ou transmission de pouvoir, est chargé de sens différents. Si on la prend dans son sens le plus large, l'initiation s'insère dans des contextes très variés ; si on la considère comme facteur de maturation, elle est l'*initiation causale*, tandis que lorsqu'on la considère comme *chemin initiatique*, elle est la voie de la libération, de la délivrance. Quand enfin elle est le résultat purifié, on la nomme *initiation de l'état qui en résulte*. L'école de la Grande Perfection en propose une autre : l'*initiation de la base* (du fondement). « Fondement » fait référence à la claire lumière fondamentale et non née de l'esprit ; il est la base permettant l'accès aux autres initiations. Si nous n'avions pas cette faculté de base – cette claire lumière fondamentale et non née de l'esprit –, personne ne pourrait recevoir les transmissions. Car on ne peut parler du facteur de maturation, de la voie et de l'état qui en résulte sur la seule base de phénomènes externes, tels qu'un vase ou un bourgeon : seul le fait que chacun possède cette faculté intérieure permet de parler ainsi. Il y a donc, en règle générale, quatre initiations.

Pour procéder à la cérémonie de transmission de pouvoir, il est nécessaire de disposer d'un mandala. Il constitue la demeure céleste, la résidence pure de la divinité. On distingue là aussi différentes sortes de mandalas : le mandala de la concentration, le mandala peint sur toile et celui que l'on fait avec du sable. Dans le Tantra Yoga supérieur, on compte également le mandala du corps du gourou. Sans compter le mandala de bodhicitta conventionnel, le mandala de bodhicitta ultime, etc.

Parmi ceux-là, le plus important est le mandala de sables colorés[52]. C'est seulement dans la préparation de ce mandala que pourront prendre place les rituels de consécration du rite et des cordes, qui serviront de mesure et rendront possible la célébration des danses, en lesquelles bras et jambes prennent de nombreuses postures bien précises. Il existe différentes sortes de danses rituelles : certaines positions sont propres à la consécration du site où l'on élaborera le mandala, d'autres viennent à la fin du rite lorsque le mandala est achevé et consiste en une offrande aux divinités du mandala. Une troisième enfin, connue plus populairement sous le nom de Danse des Masques de cérémonie, est surtout associée aux rituels des interférences toutes-puissantes. Nombre de petits monastères tibétains excellent dans ces rituels mais on peut parfois se demander à quel point ils en maîtrisent le symbolisme et le sens caché. Les gens considèrent souvent, semble-t-il, les danses des masques de cérémonie comme un délassement, un spectacle. C'est un signe malheureux et attristant de la dégénération du tantra.

J'ai lu un jour dans une histoire indienne que l'une des causes de cette dégénérescence en Inde était la prolifération des pratiques tantriques dans le passé. En fait, dans les pratiques tantriques, si les fondements ou les conditions nécessaires viennent à manquer, elles peuvent alors se révéler plus dangereuses que bénéfiques. Et c'est la raison pour laquelle les pratiques tantriques sont nommées Dharma secret ou mode de vie secret.

Prenons bien conscience de la chose suivante : la littérature tantrique est très élogieuse à l'égard des vœux monastiques et de la conduite éthique édictée pour les prâtimoksa[53]. Ainsi, le *Tantra Racine de Kâlacakra (Srikâlacakranâmatantrarâja)*, roi de tous les tantras du Tantra Yoga supérieur, mentionne que, dans une assemblée de maîtres-vajra ayant reçu tous les enseignements et les cérémonies tantriques transmettant le pouvoir du maître-vajra, un moine pleinement ordonné qui a prononcé tous les vœux monastiques de prâtimoksa est le maître-vajra le plus élevé, tandis que celui qui aurait prononcé les vœux monastiques du novice serait maître-vajra au plan intermédiaire et que celui qui n'a prononcé aucun vœu monastique reste au niveau inférieur. Ce qui définit bien trois sortes de maîtres-vajra[54]. Au contraire des vœux du bodhisattva, que l'on peut prononcer soi-même devant le représentation de Bouddha, il est nécessaire de recevoir les vœux tantriques et ceux de prâtimoksa de la bouche même d'une personne vivante, du gourou. De plus, afin de réussir sa progression sur la voie tantrique, il est indispensable que le gourou dont on reçoit l'inspiration et la grâce appartienne à une lignée ininterrompue qui remonte à Vajradhara Bouddha lui-même. C'est à cette seule condition que la cérémonie de transmission de pouvoir dirigée par le gourou rendra actives les potentialités latentes qui sommeillent en nos esprits, et nous permettra de mettre en œuvre l'état qui résulte de l'essence de Bouddha. Le tantra accorde au gourou une place primordiale.

Dans la mesure où le gourou prend une telle importance dans la pratique du tantra, les écrits ne tarissent pas de prescriptions le concernant. Et si celui qui dirige la cérémonie doit être doté de multiples aptitudes, son élève doit veiller par lui-même à ce que celui qu'il choisit comme gourou les possède réellement. On insiste beaucoup sur ce point : on recommande souvent d'examiner très consciencieusement le futur gourou, cela dût-il prendre une douzaine d'années.

Si l'on en croit les différentes aptitudes requises pour un maître-vajra, il faut que cette personne – de sexe masculin ou féminin – préserve les trois portes du corps, de la parole et de l'esprit d'actions négatives. Qu'il ou elle soit douce et bonne ; qu'il ou elle maîtrise la connaissance des *Trois Corbeilles (Tripitaka)* et possède une longue pratique des qualités de sa fonction – les trois entraînements supérieurs de l'éthique, de la méditation et de la sagesse ; qu'il ou elle possède enfin parfaitement les deux séries des dix préceptes, tant extérieurs qu'intérieurs[55].

Le *Gurupancâsikâ (Les Cinquante Slokas qui décrivent le Gourou)* fait le portrait de celui qui n'est pas assez qualifié pour devenir un maître du tantra : il manque de compassion et fait montre de sentiments haineux ; il est très attaché aux choses et se montre jaloux ; il ne connaît pas les trois entraînements supérieurs tout en se vantant du peu qu'il sait. Pas question de prendre un individu de cette sorte comme gourou pour pratiquer le tantra[56]. Et si le maître doit faire preuve de certaines qualités, ainsi en est-il de son disciple. On voit trop souvent des pratiquants du dharma se précipiter aux initiations de certains lamas sans faire preuve d'un esprit critique élémentaire. Puis quand les choses ne suivent pas leur cours normalement, ils disent pis que pendre du lama en question. Je ne pense pas que ce soit la bonne façon de procéder.

Quant au gourou, il lui faut présenter les enseignements en accord avec la structure générale de la voie bouddhiste, y mesurant la rectitude de son enseignement en considérant ce cadre précis. Pas question ici d'arrogance ni d'exercer sa toute-puissance divine sur le cercle fermé de ses disciples, pas question de penser : « Je peux faire tout ce que je veux ! » Un proverbe tibétain dit : « Même si votre mental égale celui des devas, il vous faut néanmoins vous comporter en humain. »

Voilà maintenant une brève explication de l'initiation.

DIX-SEPT

Vœux et engagements

A partir du moment où l'on vous a transmis un pouvoir, votre responsabilité est grande – c'est un lourd fardeau ! – car il vous faut observer certains engagements et certains vœux. Dans les deux premières classes de tantra, celui de l'Action et celui de la Conduite, il suffit d'observer les vœux du bodhisattva. Mais dès qu'on suit l'initiation du maître vajra, il faut respecter les vœux tantriques.

Lorsqu'on suit la pratique des trois tantras inférieurs, il est essentiel de suivre un régime végétarien. Ce régime est une chose admirable. En ce qui concerne les habitants du Tibet des temps passés, on peut comprendre qu'ils n'aient pas suivi ce genre de régime parce que les conditions climatiques rendaient très rares les légumes verts. Mais aujourd'hui, et surtout dans les pays où l'on trouve légumes et fruits frais en abondance, il est vraiment recommandé de réduire au minimum notre consommation de nourriture non végétarienne. Et s'il vous arrive de rassembler un grand nombre d'hôtes lors de réceptions ou de festivals, servir des plats végétariens est une excellente chose. Voici une histoire tibétaine. Un jour, un nomade vint à Lhassa où il vit les gens manger beaucoup de légumes. De retour chez lui, il dit aux siens que le peuple de Lhassa ne risquait pas de mourir de faim parce qu'il mangeait tout ce qui était de couleur verte !

Quant à la question du végétarisme, le bouddhisme, Vinaya compris, dit en général que, sauf en quelques rares exceptions, la viande n'est pas franchement interdite. Ce point de vue prévaut au Sri Lanka, en Birmanie et en Thaïlande et se reflète jusque dans les habitudes alimentaires des moines bouddhistes de ces pays. Cependant les écritures du Mahâyâna – *Le Véhicule du Bodhisattva* – proscrivent en général la nourriture non végétarienne, mais cela n'est pas suivi au pied de la lettre. Dans *Le Guide de la Voie du Milieu* [57], Bhâvaviveka pose justement la question du végétarisme et de son importance dans le mode de vie bouddhiste. Son raisonnement est le suivant : puisqu'au moment où vous le mangez l'animal est déjà mort, le fait de consommer sa viande ne peut causer directement de tort à l'être sensible. Il est en revanche strictement interdit de consommer de la viande d'un animal dont vous sauriez ou dont vous auriez le soupçon qu'il a été tué spécialement pour vous.

Les trois classes inférieures du tantra interdisent absolument la consommation de nourriture non végétarienne tandis que les adeptes du Tantra Yoga supérieur sont invités à transmuter les cinq sortes de viande et les cinq sortes de nectar[58]. L'adepte du Tantra Yoga supérieur réunit tant de qualités à un niveau si élevé que, par le pouvoir de la concentration méditative, il ou elle est en mesure de transmuter les cinq viandes et les cinq nectars en substances parfaitement purifiées afin qu'elles accroissent le pouvoir combustible de l'énergie de la joie dans le corps. A cet égard, quelqu'un peut tenter de justifier l'absorption de viande par sa pratique du Tantra Yoga supérieur. Mais il ne faut pas oublier que les cinq nectars et les cinq viandes comportent des substances considérées en temps normal comme sales et repoussantes. Si le pratiquant est un authentique pratiquant, il ne doit pas faire ce genre de discrimination entre la viande et les substances repoussantes, en se bouchant le nez si celles-ci se trouvent dans son environnement proche, de peur seulement de les respirer.

Parvenu à ce stade de notre rencontre, je voudrais également traiter de la façon dont le bouddhisme envisage le rôle de chaque sexe, et particulièrement celui des femmes. Dans la pratique du Vinaya – c'est-à-dire la vie monastique –, hommes et femmes peuvent de la même façon accéder aux différentes étapes de l'ordination. Le bouddhisme compte par ailleurs des pratiquants laïques des deux sexes, des novices des deux sexes et, pour finir, des moines pleinement ordonnés des deux sexes. Cependant, il faut dire que les moines qui ont reçu l'ordination complète bénéficient d'un plus grand respect et sont plus vénérés que leurs coreligionnaires de sexe féminin. De ce point de vue, on peut en effet parler de discrimination. Certains passages des écrits du

Hînayâna affirment de la même façon que le bodhisattva qui est parvenu au niveau le plus élevé de la voie – c'est-à-dire celui qui atteindra définitivement le plein éveil durant sa vie – ne peut être qu'un homme[59]. Certains sûtras du Mahâyâna contiennent aussi de telles affirmations tout comme la littérature appartenant aux trois classes inférieures de tantra. Mais la position du Tantra Yoga supérieur est différente. Pour lui, même au début, la transmission de pouvoir n'est possible que si le récipiendaire possède une grande expérience de l'union sexuelle. Ce qui signifie que les deux divinités mâle et femelle doivent être présentes dans le mandala, que les dhyâni bouddha et leurs parèdres doivent coexister dans le mandala visualisé. En ce qui concerne les vœux et la nature des engagements postérieurs à une initiation, le Tantra Yoga supérieur insiste particulièrement sur la nature de la relation à la femme. C'est ainsi que mépriser une femme est une infraction aux vœux racines du tantra mais on ne parle pas de transgression si l'on méprise les hommes ! Il se pourrait bien que les pratiquants de sexe masculin aient du mal à comprendre cette discrimination évidente.

Dans la pratique de la méditation des divinités du mandala, ou sâdhana, comme dans nombre de Tantras Mère – comme le Vajrayogini Tantra –, la principale divinité du mandala prend un aspect féminin.

Lorsque des yogis atteignent les degrés supérieurs de la voie tantrique, on leur recommande de chercher une compagne ou un compagnon afin de leur donner un nouvel élan pour progresser sur la voie. Et lorsqu'une telle union a lieu, si le pratiquant masculin est plus avancé sur le chemin de la réalisation, il est en mesure d'assister sa compagne dans l'accession et la mise en œuvre des états qui en résultent. Ceci est également vrai si c'est l'adepte féminine dont l'éveil est plus avancé : c'est elle qui guidera son partenaire vers les états plus élevés. Les effets se complètent, quel que soit le sexe du pratiquant.

Bien plus, le Tantra Yoga supérieur – dans le *Guhyasamâja Tantra Racine* – évoque et affirme même sans aucune ambiguïté qu'il est possible à une femme d'atteindre l'éveil parfait de son vivant sous la forme féminine. Ceci est possible en substance parce que dans le tantra, et dans celui-ci spécifiquement, la pratiquante s'engage dans une méthode d'exploration et de développement des potentialités latentes qui sommeillent en elle, et particulièrement la claire lumière fondamentale et non née de l'esprit. Du point de vue de cette claire lumière, il n'y a aucune différence entre homme et femme. Par conséquent, aucune différence ne vient distinguer leur capacité de finalement la réaliser. Voilà pourquoi, du point de vue ultime du bouddhisme, qui est celui du Tantra Yoga supérieur, aucune discrimination n'est possible en fonction du sexe.

DIX-HUIT

La pratique tantrique : les trois premières classes de tantra

Permettez-moi de vous expliquer maintenant le chemin réel de la pratique tantrique. Les niveaux inférieurs sont eux-mêmes subdivisés en deux degrés que l'on appelle, d'un point de vue technique, le yoga des signes et le yoga sans signes. Et comme je l'ai déjà dit, le Tantra de l'Action présente sa voie suivant une autre perspective : il s'attache à actualiser le corps, la parole et l'esprit dans ce qu'ils sont finalement : la nature de Bouddha. La mise en œuvre du corps éveillé consiste à visualiser la divinité ; la mise en œuvre de la parole illuminée consiste à répéter le mantra – que ce soit en le murmurant ou en le récitant mentalement ; la mise en œuvre de l'esprit éveillé consiste à se concentrer sur ce qui procure la libération à la fin du son. Se concentrer ainsi nécessite d'avoir passé les différentes étapes de concentration préalables telles que celle qui demeure dans le feu et celle qui demeure dans le son[60].

Les opinions divergent chez les maîtres tantriques pour savoir si la pratique du Tantra de l'Action comporte, oui ou non, celle qui consiste à se faire naître soi-même, à s'autogénérer en divinité. Le point de vue qui prédomine prétend qu'il n'est pas nécessaire aux disciples de ce Tantra de s'autogénérer en divinité ; la méditation sur celle-ci peut en effet se réduire à la visualisation de la divinité en face du méditant. Cependant, il reste que les principaux disciples du Tantra de l'Action sont ceux qui sont réellement capables de s'autogénérer en divinité, base à partir de laquelle ils la visualisent.

Ce procédé de visualisation, comme l'explique le Tantra de l'Action, suit une série de six étapes pendant lesquelles la divinité est progressivement engendrée. Ces six pas sont la vacuité, le son, la lettre, la forme, le sceau, la divinité du signe ou symbole.

La divinité de la vacuité – ou divinité ultime – se rattache à la contemplation de la vacuité du soi et de la déité. Lors de la méditation, on réfléchit sur la nature vide commune à la divinité et à soi. Aryadeva l'explique bien dans son *Catuhsataka*[61] : du point de vue de la nature ultime, il n'existe aucune différence entre les apparences variées des phénomènes. Toutes sont égales en ce qu'elles n'ont pas d'existence inhérente. Elles n'ont « qu'une seule saveur ». C'est la raison pour laquelle on peut dire que la multiplicité se résout en l'unique, les diverses natures devenant une seule et même saveur. Mais bien que tous les phénomènes aient une même nature vide, ils se manifestent au plan conventionnel sous des formes et des apparences nombreuses. Et l'on peut donc dire que la multiplicité émerge de l'unité.

Vient ensuite la divinité du son. Depuis la sphère de la vacuité – notre nature ultime et celle de la divinité sont indifférenciées – on imagine que soi-même et la divinité font vibrer le son du mantra, non pas sous la forme d'une lettre mais bien sous celle d'un son pur et simple. Maintenir cette méditation-là est la fonction du second pas, celui de la divinité du son.

Vient ensuite la divinité de la lettre : le pratiquant visualise que, au cœur même de l'état où le mantra vibre par lui-même et à la place de cet état, le mantra apparaît sous la forme de lettres, posées sur un disque lunaire blanc.

C'est alors le moment du quatrième degré, celui de la divinité formelle. Le méditant fait naître la forme de la divinité des lettres du mantra. Bientôt suivi de l'étape suivante, celle de la divinité du sceau ou mudrâ. Enfin, après s'être engendré soi-même en tant que divinité, le pratiquant se livre à des mudrâs spécifiques ; il dessine des gestes symboliques avec la main[62]. Par exemple, s'il fait partie du lignage du lotus, il accomplira le geste juste au cœur. Voilà ce qu'est la divinité du mudrâ.

La dernière étape consiste en la divinité du symbole, par laquelle on visualise les trois parties du corps – la couronne, la gorge et le cœur – marquées du sceau des trois syllabes primordiales : OM, AH et HUM. On invite ensuite les êtres de sagesse à investir son corps.

Là réside le dernier pas sur cette voie, celui de la divinité du symbole.

Dans toutes les pratiques tantriques bouddhistes, avant de s'autogénérer en divinité le pratiquant doit méditer sur la vacuité. A chaque occasion, que la sâdhana[63] commence ou non par l'expression sanscrite suivante : OM SVABHAVASUDDHA SARVADHARMA SVABHAVASUDDHO HAM ou encore OM SUNYATA JNANA VAJRA SVABHAVATMAKO HAM et ainsi de suite ; il faut toujours méditer sur la vacuité. Ce qui veut dire que vous exprimez votre propre sagesse, votre expérience de la vacuité en l'apparence de la divinité. Au début, elle n'apparaît que dans votre seule imagination. Puis elle prend la forme d'un récit détaillé qui vous prépare à l'expérience pendant laquelle votre sagesse personnelle, accomplissant la vacuité, s'élève réellement sous la forme d'une divinité. C'est pourquoi, si vous ne percevez pas la vacuité telle que l'expliquent les écoles Yogâcara ou Madhyamaka, vous ne pourrez réussir complètement la pratique du yoga tantrique. La divinité qui est apparue, issue de votre sagesse, constitue la *grande roue de la divinité* ou *le facteur méthode de la voie*. Cela ne suffit pas. Il faut aussi que le yogi réaffirme régulièrement le rappel de la nature vide de la divinité ainsi générée. Brièvement, il s'agit là de la méditation de Mahâmudrâ, le Grand Sceau qui, si l'on en croit le Tantra de l'Action, permet de faire mûrir les facultés du pratiquant pour qu'il mette en œuvre le corps formel d'un être réalisé.

Si le méditant n'a pas réussi à demeurer tranquillement avec acuité mais qu'il cultive samatha en même temps que la pratique tantrique, il – ou elle – devra se concentrer sur un seul objet et exercer son acuité après avoir généré la divinité et avant la répétition du mantra. A ce moment de la sâdhana, on entreprend la méditation proprement dite. Nombreux sont les manuels tantriques et les textes rituels qui recommandent d'abandonner celle-ci pour la répétition du mantra si l'on est fatigué de méditer ainsi ou que l'on sent le sommeil nous gagner. Quant à ceux qui répètent le mantra de façon intensive sans s'adonner à la méditation, si la fatigue se fait sentir, ils ne peuvent rien faire d'autre qu'arrêter là la séance ! Les textes et les manuels de méditation placent celle-ci au premier plan au détriment de la répétition du mantra.

Quant à cette dernière, le Tantra de l'Action en distingue deux sortes. Il y a celle que l'on murmure, où le mantra est récité tranquillement de façon que le récitant l'entende à peine. Il y a la répétition mentale au cours de laquelle on ne prononce pas du tout le mantra : on en imagine seulement le son.

Le Tantra de l'Action distingue encore entre deux voies d'entraînement, la voie profonde et la voie vaste. L'entraînement à la voie profonde utilise une méditation sur la vacuité très spéciale et tout à fait unique : la méditation sur la nature vide de la divinité visualisée. Cette concentration sur la nature vacante de la divinité constitue la pratique profonde. L'entraînement à la voie vaste comprend deux facettes : on cherche d'abord à développer la claire apparence de la déité ; ensuite quand celle-ci est stabilisée et qu'elle constitue une base solide, il faut porter tous ses efforts sur le développement de la fierté adamantine, comme si nous étions vraiment la déité. En d'autres termes, après avoir d'abord généré la claire visualisation de vous-même comme divinité, vous développez pleinement le sens de la fierté divine en vous-même parce que vous êtes la divinité.

Dans l'un de ses manuels de méditation, le maître indien Buddhasrîjnâna[64] pose la question suivante : « Puisque l'ignorance est la cause racine de notre vie dans ce cycle vicieux des existences, et puisque la phase de Génération du yoga de la divinité de l'état de Génération ne donne aucune précision suffisamment explicite sur la vacuité, comment peut-on prétendre que le yoga de la divinité sert de force d'opposition éliminant la cause racine, c'est-à-dire l'ignorance ? » Il répond en affirmant que la phase de Génération dans le tantra du yoga de la divinité est la pratique au sein de laquelle on médite sur la nature vide de la forme de la divinité. On ne doit donc pas seulement visualiser la divinité mais plutôt méditer sur la vacuité de celle-ci tout en visualisant cette apparence divine. De là vient que, dans la pratique du yoga, on distingue deux aspects : le yoga de la divinité concentré sur la nature conventionnelle ou l'apparence de la divinité, et le yoga de la divinité concentré sur la nature ultime ou vacuité de la divinité.

Le tantra parle également de trois sortes de comportements qui sont :

1. Toutes les apparences comme les divinités du mandala divin et leur environnement ;
2. Tous les sons comme les mantras ;
3. Toutes les expériences conscientes et la conscience comme les facettes variées de la sagesse non duelle de la divinité.

La première attitude – qui consiste à imaginer toute chose qui apparaît comme corps divin et mandala de la divinité – doit être une perception destinée à un but très précis : non pas de croire que cela correspond à la réalité, mais de dépasser notre perception ordinaire. Par l'imagination, nous essayons de développer la capacité à percevoir toutes les apparences comme des formes de la divinité : ce faisant, la façon dont nous appréhendons les pensées reste toujours dans le cadre de la vacuité.

Il existe une opinion divergente qui prétend que ces attitudes ne sont pas de simples états issus de l'imagination mais bien des intelligences véritables qui sont en accord avec l'état actuel des choses. Si l'on suit la pratique de lam-dre dans la tradition Sakya, le sens du tantra ou « continuité » est expliqué par les *trois tantras*[65]. Le premier, le tantra causal, se réfère à la nature fondamentale, qui est la source tant du samsâra que du nirvâna et au niveau de laquelle ils sont égaux. Afin de percevoir toute chose comme pure et divine, on initie le pratiquant à la vision de l'indivisibilité du samsâra et du nirvâna et, par là même, à leur nature fondamentale.

De la même façon, le grand maître Dzogchen Dodrup Jigme Tenpai Nyima affirme dans son ouvrage *General Exposition of Guhyagarbha (gSang snying spyi don),* que cultiver cette perception pure, cette vision que toutes choses et tous événements qui naissent dans le samsâra et le nirvâna ne sont en fait que des manifestations, un « jeu », un « divertissement » de l'état fondamental, est, selon la terminologie Nyingmapa, ce que l'on nomme Rig pa ou intelligence primordiale. Cette dernière est la base, la source : tout ce qui advient et naît de la réalité – le samsâra et le nirvâna – en est une manifestation, un « divertissement ». L'intelligence primordiale est au niveau le plus subtil de claire lumière.

La philosophie Madhyamaka parle également de la vacuité comme de l'origine de tous les phénomènes conventionnels. En quelque sorte, la vacuité jouerait le rôle du créateur tandis que tous les phénomènes seraient les différentes manifestations de cette nature ultime qui les sous-tend. De la même façon la tradition Sakya et celle du maître Nyingmapa Dodrup Jigme Tenpai Nyima soutiennent que tous les phénomènes qui adviennent et naissent dans le cycle de l'existence et dans le nirvâna sont des manifestations, des « divertissements » de l'intelligence primordiale, ou fondement de toutes choses. Cette intelligence primordiale – en d'autres termes l'esprit subtil de claire lumière – est éternelle et continue, et sa nature essentielle est pure de toute illusion. C'est pour cela qu'elle est essentiellement pure et claire. On peut même, si l'on poursuit dans ce sens, étendre cette façon de voir à tous les phénomènes en tant que manifestations réelles ou « jeux » de l'état fondamental. N'oublions pas cependant que ces deux explications très profondes sont celles du Tantra Yoga supérieur.

Parvenus à ce point de la pratique d'une sâdhana, il nous faut nous engager dans une profonde méditation suivant les directives que je viens de tracer. Dès que la fatigue se fait sentir, et si votre méditation s'embrume de sommeil, il vaut mieux passer à l'étape suivante, celle de la répétition du mantra.

Nous avons abordé différentes sortes de répétitions de mantras – répétition murmurée, mentale –, méthodes permettant de mettre en œuvre, d'actualiser la parole éveillée. Il existe également des techniques pour mettre en œuvre l'esprit éveillé : les concentrations que l'on appelle « demeurant dans le feu », « demeurant dans le son » et « qui donne la libération à la fin du son ».

La concentration demeurant dans le feu, le pratiquant visualise différents mantras et les syllabes-semences au cœur de la divinité ainsi qu'il imagine des flammes sortant des syllabes des mantras.

En ce qui concerne *la concentration qui demeure dans le son*, on met ici davantage l'accent sur le ton avec lequel on récite le mantra. Le pratiquant imagine et se concentre sur le ton du mantra tout en écoutant plutôt celui récité par un autre participant. De cette façon, le disciple peut avec plus de facilité se concentrer sur un seul objet, ce que l'on appelle « demeurer tranquillement », qui sera alors le son. Le Tantra de l'Action comporte des passages où l'on nous dit que le pratiquant, par la concentration demeurant dans le feu, peut acquérir une plus grande souplesse tant physique que mentale. Il est dit également que la méditation sur la concentration demeurant dans le son permet au pratiquant d'atteindre cette « demeure tranquille » qu'est la qualité d'absorption en un point, l'acuité de l'esprit. La troisième sorte de yoga, quant à elle, est appelée au plan technique *qui donne la libération à la fin du son*. C'est par cette pratique, selon les Tantras de l'Action et de la Conduite, que le disciple du tantrisme parviendra finalement à la libération.

S'il fallait intégrer les enseignements tantriques dans l'une des trois séries d'écritures – la discipline, les entretiens et la connaissance métaphysique – ils trouveraient leur place dans les entretiens. Dans les tantras le Bouddha lui-même dit qu'il les enseignerait dans le style des sûtras. Ce qui signifie en substance que le trait unique permettant de distinguer la pratique tantrique de sa contrepartie dans les sûtras se trouve dans les techniques spécifiques qui permettent de travailler la stabilisation méditative, c'est-à-dire le samadhi, sujet principal de ces entretiens.

En règle générale « demeurer tranquillement », la paix de l'esprit, est un état d'esprit méditatif, dans lequel le méditant est en mesure de maintenir son attention sur l'objet choisi. Les techniques qui permettent de le travailler doivent donc être plus intuitives qu'analytiques. D'un autre côté, la vision pénétrante est un type de méditation analytique : les méthodes qui lui correspondent doivent donc nécessairement être de nature analytique.

La paix de l'esprit est donc un état de conscience élevé, un état d'acuité s'accompagnant d'une souplesse du mental et du physique. Votre corps comme votre esprit deviennent très flexibles, très réceptifs et donc très utiles car faciles à utiliser. En cet état votre faculté d'analyse y est très aiguisée. Ainsi la paix de l'esprit est un état d'absorption tandis que la vision pénétrante est analytique.

Il ne faut jamais oublier qu'il existe par ailleurs différents types de méditations. Certaines d'entre elles prennent pour objet un sujet de réflexion – c'est le cas pour la méditation sur la vacuité – tandis que d'autres invitent le pratiquant à développer en son esprit certaines expériences, comme la méditation sur l'amour, en laquelle le méditant fait naître l'amour en son esprit. Le terme même de méditation possède plusieurs acceptions. Dans un autre cas, le yogi pourra visualiser quelque chose grâce à son imagination et méditer dessus. Ce sont là quelques exemples de méditation.

Si l'on en croit les sûtras et les trois tantras inférieurs, la paix de l'esprit et « la vision profonde » sont des phénomènes successifs. D'abord vous atteignez le calme de l'esprit puis celui-ci vous conduit à la vision pénétrante. Lorsque vous développez la paix de l'esprit pendant une séance de méditation, vous ne le faites que par l'absorption sans pour autant exercer vos facultés analytiques – et lorsque vous cultivez la vision profonde, vous utilisez d'abord l'analyse. Il s'agit bien là de deux processus distincts et indépendants.

Le Tantra Yoga supérieur, quant à lui, recourt à une seule et unique méthode pour localiser et pénétrer certains points vitaux du corps physique subtil au cours de la méditation afin de faire naître cette vision profonde à travers un état de méditation avant tout intuitif. C'est ainsi que certains pratiquants aux facultés mentales élevées sont capables de parvenir aux deux accomplissements – la paix de l'esprit et « la vision profonde » – non pas de façon séquentielle mais simultanée.

La troisième forme de yoga dont je vous ai parlé, « la concentration qui permet la libération à la fin du son », est l'appellation technique que l'on donne à la méditation sur la vacuité dans les systèmes tantriques inférieurs. On l'appelle encore le yoga sans signes par opposition aux deux premières ou yoga des signes. Dans le Tantra de l'Action, le yoga sans signes correspond à la méditation sur, et à la réalisation de la vacuité.

Je veux également parler du Tantra de la Conduite. Les mandalas qui appartiennent à cette classe de tantra sont très rares dans la tradition tibétaine. La divinité la plus populaire lui appartenant est Vairocanâbhisambodhi.

Le Tantra de la Conduite emploie la même terminologie de yoga avec et sans signes quand il parle de la voie qui mène à la nature de Bouddha. Dans ce cas-là, le yoga sans signes est la méditation ou yoga qui met l'accent sur la pratique de la vacuité tandis que dans le yoga avec signes on ne met pas l'accent sur celle-ci.

Dans les deux tantras dont on vient de parler, il faut pratiquer le yoga de la divinité, entreprendre ce que l'on appelle « l'approximation » – la méditation lors d'une retraite – puis s'engager dans les multiples activités associées à la pratique de la divinité : on travaille par exemple à l'immortalité et la longévité en visualisant les divinités de longue vie et ainsi de suite.

La divinité principale du Tantra Yoga – soit la troisième classe de la division quadripartite –, dont le tantra est traduit en tibétain, est Vajradhâtu. Le tantra de Vairocana en fait également partie. Le processus proposé par le Tantra Yoga comporte trois facettes : la base de la purification, la voie purifiante et les résultats purifiés. La première s'attache au corps, à la parole, à l'esprit comme à la conduite du pratiquant. La seconde a pour propos la pratique des Quatre Sceaux : le grand sceau, le sceau des phénomènes, le sceau de la sagesse et le sceau de l'action. De là, tout comme il existe quatre bases de purification, il existe quatre voies purifiantes qui leur correspondent. Les résultats purifiés sont le corps, la parole, l'esprit et les actes de la « bouddhaïté » ou essence de Bouddha.

On constate que le Yoga Tantra possède un Tantra Racine composé de quatre sections que l'on appelle *Recueil des Principes (Sarvatathâgatatattvasamgraha).* Dans cette catégorie-là, la présentation est beaucoup plus fondée sur cette approche en quatre volets. Bien que j'aie reçu des initiations appartenant à cette classe de tantra, je n'ai pas beaucoup de réalisations : j'ai accompli peu de progrès et je n'ai pas suffisamment pratiqué la méditation qui y est associée. Il vaut donc sans doute mieux que j'arrête là mes explications sur ce point !

DIX-NEUF

La pratique tantrique avancée : le Tantra Yoga supérieur

INTRODUCTION GÉNÉRALE

Pour nous autres Tibétains, le Tantra Yoga supérieur est un peu comme notre pain quotidien, il nous est donc beaucoup plus familier. Les pratiques de Vajradhâtu et Vairocanâbhisambodhi sont florissantes au Japon, où il y aurait nombre de pratiquants de la classe inférieure de tantras. Seule la tradition tibétaine, semble-t-il, fait apparaître la pratique du Tantra Yoga supérieur. Mais de cela je ne suis pas absolument certain. Les premiers disciples de ce tantra étaient les êtres humains de cette planète, ceux qui appartiennent au monde du désir et dont les corps physiques sont constitués de six composants vitaux. Trois d'entre eux – les os, la moelle et le fluide de régénération – viennent du père. Les trois autres – la chair, la peau et le sang – viennent de la mère[66].

Les voies du Tantra Yoga supérieur présentent une caractéristique unique qui leur est spécifique : sa voie profonde recourt à différentes techniques de méditation qui présentent des similitudes non seulement avec l'état de la nature de Bouddha qui en résulte – les trois kâyas[67] – mais plus particulièrement avec les bases de purification au plan ordinaire de l'existence humaine – par exemple, la mort, l'état intermédiaire et la renaissance.

Comme j'y ai déjà fait allusion, la signification du tantra prend dans le Tantra Yoga supérieur beaucoup plus de profondeur parce qu'il est considéré dans la perspective générale de trois champs différents connus comme les trois tantras. Ce sont :

1. Le Tantra causal – la base ;
2. Le Tantra de la Méthode – la voie ;
3. Le Tantra du Résultat – le fruit.

Ces trois niveaux naissant en fin de compte de la claire lumière fondamentale et non née.

Quand tout ceci est bien compris, on apprécie la présentation unique que fait la tradition Sakya lorsqu'elle parle du tantra causal – appelé encore base de tout, base fondamentale –, tantra qui se réfère au mandala où réside la divinité et à celle-ci.

Si l'on s'en tient à cette façon de présenter les choses, au sein de la base fondamentale – c'est-à-dire au sein de la faculté fondamentale que nous possédons tous – tous les phénomènes ordinaires avec leurs caractéristiques propres ; tous les phénomènes de la voie sont présents sous la forme de qualités réalisées et tous les phénomènes résultant de l'état de Bouddha sont présents en puissance.

C'est pour ces raisons que l'on trouve dans les écrits de l'école Nyingmapa, école de l'ancienne traduction ou école des Anciens, des expressions telles que « équanimité de la base et du résultat ». Puisque tous les phénomènes appartenant à l'état qui en résulte sont totalement présents en puissance au sein même de la base fondamentale, on comprend alors une affirmation comme celle-ci : « Le corps et la sagesse exaltés ne peuvent jamais être réunis ni considérés individuellement. » Par le corps et l'esprit d'un être réalisé, on entend les deux kâyas – rûpakâya ou Corps formel et dharmakâya ou Corps de Vérité.

Il nous faut garder présents à l'esprit ces différents sens et les considérer comme dessein ultime quand on lit dans l'ouvrage de Maitreya, *Uttaratantra,* que les souillures de l'esprit sont circonstancielles et fortuites tandis que ses qualités positives et ses réalisations y sont naturellement présentes[68]. Ceci ne veut pas dire non plus que les qualités positives de l'esprit et ses réalisations sont toujours présentes dans l'esprit. Elles sont plutôt là sous la forme de potentialités présentes au sein de la claire lumière fondamentale et non née de l'esprit. C'est pourquoi il est essentiel de comprendre ces expressions et les concepts qui y sont rattachés avec justesse et précision : il y aurait sans cela danger de malentendu, voire d'erreur, comme c'est le cas dans l'école non bouddhiste Sâmkhya, qui prétend qu'un bourgeon est présent au moment de la graine mais que cela ne se voit pas.

C'est également à partir de ce regard que l'on peut comprendre l'affirmation suivante : « Si vous faites un travail correct de reconnaissance de vous-même, vous êtes complètement réalisé. » Nous pouvons trouver le même genre de citations dans les tantras. On trouve par exemple dans l'*Hevajra Tantra* l'extrait suivant : « Bien que les êtres sensibles soient pleinement réalisés, ils sont encore aveuglés par les souillures occasionnelles. » Le *Kâlacakra Tantra* parle également catégoriquement de la claire lumière fondamentale et non née de l'esprit, mais utilise une terminologie différente, parlant plutôt de *l'espace du vajra tout-puissant.*

C'est pour ces raisons que dans son *Pancakrama (Les Cinq Etapes),* un commentaire des cinq étapes d'accomplissement du *Guhyasamâja Tantra*, Nâgârjuna indique que le pratiquant, quand il demeure dans la méditation de l'illusion, perçoit tous les phénomènes sous le même aspect[69]. Ceci implique cela : un pratiquant de l'étape d'accomplissement, lorsqu'il est en mesure de s'élever au niveau du corps très subtil – que l'on appelle techniquement *le corps illusoire*, dans la nature de l'énergie et de l'esprit les plus subtils –, étend sa perception jusqu'à embrasser tous les phénomènes et les perçoit comme des manifestations, c'est-à-dire comme le divertissement, le jeu de la claire lumière fondamentale et non née de l'esprit.

Il semble raisonnable de percevoir tous les êtres vivants comme des manifestations, comme le « divertissement » de la claire lumière fondamentale et non née de l'esprit, puisque c'est en fin de compte la source fondamentale dont tous les êtres vivants sont issus. C'est bien l'origine. On peut se demander, cependant, comment nous sommes censés comprendre l'univers entier, y compris l'environnement naturel, comme une manifestation, un jeu de la claire lumière fondamentale et non née de l'esprit. Il est certain que nous n'avons pas besoin de le percevoir de la même façon que le mouvement Cittamâtra, l'école de « l'Esprit Seulement », laquelle prétend que l'environnement et les phénomènes extérieurs n'ont d'autre réalité que d'être de pures projections de l'esprit. Ce courant de pensée bouddhiste considère que tous les phénomènes extérieurs ne sont rien d'autre que des reflets de notre esprit, et refuse l'existence d'une réalité extérieure atomiquement structurée.

Le *Pancakrama* de Nâgârjuna propose un sens légèrement différent. L'environnement et les phénomènes extérieurs doivent être compris comme des manifestations de la nature de l'esprit et non comme existant au sein de sa nature. Lorsque quelqu'un fait l'expérience manifeste de la claire lumière fondamentale et non née de l'esprit, qui correspond au niveau le plus subtil de l'esprit, tous les processus grossiers du mental et les énergies qui y correspondent se sont dissous, ou retirés et ne fonctionnent plus. Ce qui arrive à l'esprit subtil s'appelle vacuité pure car cette expérience ressemble à l'état d'équilibre méditatif qui permet la réalisation directe de la vacuité.

Le Tantra Yoga supérieur détaille différentes techniques permettant d'utiliser la claire lumière fondamentale et non née de l'esprit qui se manifeste naturellement à l'heure de la mort. On peut l'utiliser à des fins positives en le transformant en une pensée vertueuse ou en le faisant devenir un aspect de la voie. Pour les sûtras, ce dernier moment subtil de la conscience qu'est l'heure de la mort est considéré en règle générale comme invariablement neutre, ni vertueux ni non vertueux. Cependant il existe dans le tantra des méthodes pour faire de ce dernier moment de conscience un état vertueux.

En comparaison des états négatifs de l'esprit, les états vertueux, dit-on, sont bien plus puissants dans la mesure où ils sont établis sur des bases valables, qu'ils sont raisonnés et sans erreur. Bien plus, les états vertueux de l'esprit peuvent être générés et prolongés au moment de la mort ou lors d'autres occasions lorsque l'expérience de claire lumière arrive naturellement ; les états négatifs, quant à eux, ne peuvent se manifester ni perdurer à l'heure de la mort ou à d'autres moments quand l'état de claire lumière se manifeste.

Tant la vision de Mahâmudrâ ou Grand Sceau de la tradition Kagyupa que celle de la pratique de la « percée » dans l'école de la Grande Perfection se rejoignent en un même point [70] : l'expérience de la claire lumière fondamentale et non née de l'esprit. Dans la présentation que font les Nyingmapa des neuf voies, la Grande Perfection ou Dzogchen est présentée comme le summum de toutes les voies. On la considère ici comme la plus élevée car cette pratique a recours à notre conscience primitive bien plus qu'à l'esprit ordinaire, ce qui est le cas dans les huit voies qui la précèdent. Cependant, si tel est le cas, comment expliquer alors que ces différentes visions – de Mahâmudrâ, de la pratique de la percée de Dzogchen ou du Tantra Yoga supérieur – se rejoignent en un même point : la claire lumière fondamentale et non née de l'esprit ?

A cette question Dodrup Jigme Tenpai Nyima propose une réponse : il affirme que si le Tantra Yoga supérieur met l'accent sur l'exploration et le développement de la claire lumière fondamentale et non née de l'esprit, comme le font également les enseignements de la Grande Perfection, il reste une différence notable dans la méthodologie. Dans la pratique du Tantra Yoga supérieur, les techniques d'exploration et de développement de l'état fondamental suivent une gradation qui débute avec l'étape de création et conduit finalement aux étapes d'accomplissement de la méditation et de la mise en œuvre de la claire lumière. Par contraste, le développement et l'embellissement de cet esprit fondamental de claire lumière ne sont pas atteints dans la pratique de la Grande Perfection de façon progressive. On y parvient de façon immédiate, comme si l'individu appréhendait directement la claire lumière présente depuis le tout début, par le biais de l'intelligence primordiale.

DÉCRYPTER LES TANTRAS : LES CLÉS DE L'INTERPRÉTATION

Lorsque vous étudiez le Tantra Yoga supérieur, n'oubliez jamais que même un simple terme peut comporter différents niveaux d'interprétation, tout comme les sûtras de la sagesse comptent deux niveaux d'interprétation – le sens explicite et le sens caché. En fait, dans le cas des tantras, le processus interprétatif doit toujours approfondir les choses, embrassant différents niveaux d'interprétation avec un degré de complexité toujours plus grand.

Pour un simple mot, une simple expression, on peut compter jusqu'à quatre significations différentes, correspondant aux quatre niveaux d'interprétation connus sous l'appellation : *quatre modes de compréhension* qui sont :

1. Le sens littéral ;
2. Le sens général ;
3. Le sens caché ;
4. Le sens ultime [71].

Le sens littéral, le premier des quatre, est la signification explicite des affirmations, celle que l'on peut comprendre à partir des conventions littéraires et de la structure grammaticale de la phrase. Le deuxième, le sens général, correspond au sens du terme au sein des pratiques méditatives et du mode de procédure commun aux tantras inférieurs. Ainsi, *général,* dans ce contexte particulier, renvoie plutôt aux connotations communes. En ce qui concerne le troisième sens, on compte trois sortes de sens caché :

1. La méthode cachée consistant à prendre refuge dans la voie ;
2. Les apparences cachées, par exemple l'apparence blanche, l'accroissement rouge et l'approche noire[72] ;
3. La vérité conventionnelle cachée, le corps illusoire.

Bien qu'il s'agisse là de sujets d'importance dans les textes du Tantra Yoga supérieur, ils n'en sont pas moins non explicites dans les tantras inférieurs où l'on y fait allusion de façon fort discrète. Le quatrième mode est le sens ultime. *Ultime* fait ici référence à la claire lumière et à l'union profonde qui sont les objets ultimes de toutes les écritures et de toutes les pratiques du Tantra Yoga supérieur.

Les tantras font également mention d'un autre dispositif d'ordre herméneutique qui peut nous aider dans l'appréhension d'un texte du Tantra Yoga supérieur. Il s'agit de la reconnaissance des *six paramètres,* lesquels se rapportent à trois paires d'antithèses qui circonscrivent naturellement le sens d'un texte dans sa totalité :

1. Les paramètres de ce qui est interprétable et de ce qui est définitif ;
2. Les paramètres de ce qui est projeté et de ce qui ne l'est pas ;
3. Les paramètres de ce qui est litéral et de ce qui ne l'est pas.

Par conséquent, résultat de ces différentes approches successives des textes tantriques et des instructions qu'ils contiennent, on rencontre deux types d'explication lorsque le tantra est concrètement enseigné aux disciples : celle que l'on donne à un groupe d'étudiants et celle que l'on reçoit de maître à disciple.

Afin d'authentifier la pratique du tantra comme une pratique bouddhiste à part entière menant à une possible réalisation de la nature de Bouddha, les traités tantriques ont toujours présenté leur contenu en suivant la procédure des sûtras et en s'harmonisant avec elle. Toutes les complexités, subtilités et autres distinctions que l'on trouve dans les tantras ne sont que leur réponse aux différences de dispositions mentales, d'inclinations naturelles et de caractéristiques physiques des pratiquants. Voilà pourquoi nombre de tantras sont précédés d'une copieuse préface où l'on traite des qualités requises et des titres nécessaires au pratiquant qui les aborde. On y fait mention de différents types de disciples, le plus prisé étant celui qui est « comme le joyau ». Si l'on explique les tantras de cette façon complexe, c'est en fait pour permettre à chaque disciple de réaliser les deux vérités. Il ne s'agit pas là des deux vérités dont parlent les sûtras mais bien des vérités conventionnelles et ultimes dont parle le Tantra Yoga supérieur. On trouve une analyse détaillée de cette approche et de ce mode d'interprétation d'un texte tantrique dans le *Recueil de la Sagesse du Vajra (Jnanavajrasamuccayanâmatantra).*

Un autre trait caractéristique des tantras doit maintenant attirer notre attention. Presque tous les textes débutent en effet par les deux syllabes E et VAM. Celles-ci embrassent l'essence totale et le sens parfait de tous les tantras, que ce soit dans leur sens littéral ou définitif. Tout comme un traité, chaque tantra est composé de nombreuses syllabes différentes, que l'on peut toutes réduire à des voyelles et à des consonnes. Voilà pourquoi toutes les syllabes peuvent être contenues dans les deux suivantes : E-VAM. Puisque le sens total des tantras peut être réduit à trois facteurs : la base, la voie et le résultat, de la même façon tous les aspects de ces trois facteurs peuvent être contenus dans la signification de E-VAM. E-VAM comprend donc en fait toute la matière traitée dans le tantra.

D'une façon similaire, Candrakîrti résume très succinctement toute la signification du tantra dans les tout premiers slokas de son commentaire fameux sur le *Guhyasamâja Tantra,* intitulé *Pradîpoddyotananâmatikâ (La Lampe de Clarté)* [73]. Dans ces slokas, Candrakîrti écrit que, pour mettre en œuvre le corps de la divinité :

1. La première étape de la voie tantrique est l'étape de généralités ;
2. Puis vient la méditation sur la nature de l'esprit ;
3. Il faut ensuite parvenir à la stabilisation de la vérité conventionnelle avant de
4. Purifier celle-ci pour
5. Unir dans la cinquième étape les deux vérités.

Telles sont les branches du tantra. En essence, elles embrassent tout ce qui est traité dans le Tantra Yoga supérieur[74]. Le traité de Candrakîrti explique toute la voie tantrique en cinq étapes : d'abord l'étape de création puis les étapes d'accomplissement, comme je viens de le dire. Aux différents stades correspondent différentes initiations en analogie avec les éléments de maturation de ces voies. L'initiation qui transmet au pratiquant le pouvoir de la pratique de l'étape de création est l'initiation du vase. Quant à la deuxième, l'initiation secrète, elle transmet au yogi le pouvoir de la pratique du corps illusoire – cette voie inclut de pratiquer trois

« solitudes » : la stabilisation méditative, de la solitude du corps, celle du verbe et celle de l'esprit. Ce sont des préliminaires à la pratique du corps illusoire. Avec la troisième initiation, l'initiation de la connaissance de la sagesse, le pratiquant est habilité à entreprendre la méditation sur la claire lumière, qui purifie le corps illusoire et le transforme en claire lumière. Quant à la quatrième initiation, l'initiation du mot, le pratiquant est amené sur la voie des pratiques méditatives de l'union.

LA FÉLICITÉ ET LA VACUITÉ

En règle générale, on utilise le terme union de deux façons dans le Tantra Yoga supérieur : l'union des deux vérités et l'union de la félicité et de la vacuité. Quand on se place du point de vue de l'union des deux vérités, l'indivisible union de la félicité et de la vacuité décrite plus loin est une seule entité, la vérité ultime, qui est unifiée avec le corps illusoire, la vérité conventionnelle. Lorsque les deux sont conjointes et inséparables, on a atteint la parfaite union des deux vérités.

L'union de la félicité et de la vacuité désigne l'union indivisible de la sagesse réalisant la vacuité et d'une profonde expérience de la félicité. C'est la sagesse – réalisant la vacuité que l'on a déjà acquise – qui naît au sein de l'état de félicité : c'est ainsi que sagesse et félicité sont mises en œuvre et vécues au sein d'une seule et même entité cognitive. Cette union peut aussi résulter de l'utilisation d'une expérience profonde de la félicité pour réaliser différemment la vacuité. En d'autres termes, il existe deux séquences possibles pour réaliser cette union. Certains connaîtront l'état de félicité comme la conséquence de la fusion des gouttes de vie au sein des canaux d'énergie, état de félicité qui les conduira finalement à la réalisation de la vacuité. Mais, pour la plupart des pratiquants de Tantra Yoga supérieur, la réalisation de la vacuité précède l'expérience réelle de la béatitude.

D'aucuns auront une vision de la vacuité qui n'est pas aussi complète que celle de l'école Madhyamaka-Prâsangika mais qui sera plus proche de celle proposée par les écoles Yogâcara et Madhyamaka-Sautrântika. S'il applique certaines techniques méditatives du tantra, telles que « consumer le feu intérieur » ou « pénétrer à travers les points vitaux du corps par le yoga du souffle (du vent) », le disciple fera l'expérience de la fusion des éléments au sein même de son corps et induira ainsi l'expérience de la béatitude – atteignant finalement un état où l'on est capable de dissoudre les niveaux grossiers de l'esprit et les énergies qui leur correspondent. En unissant cette expérience profonde de la méditation et une compréhension même imparfaite de la vacuité, le disciple saura progresser vers une compréhension plus subtile de la vacuité et percevra un jour que chaque phénomène est une simple projection mentale, une désignation pure et simple. L'expérience de la béatitude peut aider le pratiquant à percevoir toutes choses et tous événements comme les manifestations de celle-ci, comme le « jeu » d'un souffle subtil. Le méditant est alors en mesure d'accomplir la plus subtile des expériences de la vacuité. Dans ce cas, il atteint d'abord la félicité puis parvient à la réalisation de la vacuité.

En règle générale, il est préférable qu'un disciple ait réalisé la vacuité avant d'être initié au Tantra Yoga supérieur. Dans ce cas, la sagesse réalisant la vacuité précède l'expérience de la félicité. Au cours de la séance réelle de méditation sur le « soi » ou le « je », un disciple aura recours à la technique du feu intérieur, au yoga de la déité ou encore à la technique permettant de pénétrer à travers les points vitaux en manipulant les énergies subtiles. Le méditant procède alors lui-même à la fusion des gouttes, des éléments essentiels dans son corps et, par la force du désir qu'il a engendré, fait l'expérience de la béatitude. Il reconnaît alors l'expérience précédemment connue de la vacuité et unit cette réalisation à l'expérience de la béatitude.

Comment provoquer une telle expérience ? Quand les gouttes d'énergie fusionnent dans votre corps, vous ressentez quelque chose d'unique qui prend sa source dans le canal central. Elle donne naissance à une joie physique intense qui emporte à son tour l'esprit vers un niveau très subtil, cela grâce à la béatitude. Quand ensuite vous réfléchissez à la compréhension que vous avez de la vacuité, cette joie s'unit immédiatement à la vacuité. Telle est la technique d'union de la félicité et de la vacuité.

Il est essentiel de bien comprendre la signification exacte de chaque terme, de chaque expression du tantra, d'autant plus qu'on est confronté à une multiplicité de sens en fonction des différents contextes dans lesquels ces termes s'insèrent. En règle générale, il existe trois sortes distinctes de félicité :

1. La félicité causée par l'émission de fluides régénérants ;
2. La félicité due au flux d'éléments vitaux au sein des canaux d'énergie et, finalement :
3. La félicité connue dans le tantra sous le nom de *félicité immuable*.

Dans la pratique tantrique on utilise les deux dernières pour réaliser la vacuité. De par la façon dont on met à profit la félicité pour réaliser la vacuité, bien des divinités de méditation du Tantra Yoga supérieur sont représentées en l'union sexuelle. Mais, comme nous l'avons déjà dit, cette félicité-là est bien différente de l'orgasme que l'on peut connaître au cours d'une relation sexuelle ordinaire.

MORT, ÉTAT INTERMÉDIAIRE ET RENAISSANCE

Comme la pratique du Tantra Yoga supérieur est d'abord destinée aux élèves dont le corps physique est composé de six éléments vitaux, la procédure que l'on suit sur la voie est structurée sur ce modèle et ses caractéristiques rappellent l'évolution ordinaire de la mort, de l'étape intermédiaire et de la renaissance. Du fait de leur structure physique, les êtres humains vivant sur cette planète font l'expérience naturelle de ces trois étapes. La mort est l'étape pendant laquelle les niveaux grossiers de l'esprit et de l'énergie se dissolvent en des niveaux très subtils. C'est là que l'on fait l'expérience de la claire lumière de la mort. Puis on revêt un corps subtil appelé état intermédiaire jusqu'à ce que l'être revête de nouveau un corps plus grossier, visible aux yeux de tous, transition correspondant à la renaissance dans une nouvelle vie.

Puisque ces trois étapes font partie de l'évolution de notre expérience ordinaire, Nâgârjuna comme Aryadeva, dans leurs commentaires des tantras et leurs instructions quintessentielles, élucident les techniques par lesquelles le pratiquant peut utiliser ces étapes naturelles pour un but plus élevé. Plutôt que d'en faire l'expérience de façon incontrôlée, il faut les maîtriser et y avoir recours pour parvenir aux trois corps de Bouddha qui en résultent : le Corps de Vérité, le Corps de Jouissance parfaite, le Corps de Manifestation – qui présentent respectivement les caractéristiques de la mort, de l'état intermédiaire et de la renaissance. C'est la raison pour laquelle ces trois étapes sont appelées dans le Tantra Yoga supérieur les trois kâyas de la base.

Comme je l'ai expliqué dans la voie du Tantra Yoga supérieur, toute pratique de l'étape de création doit inclure la méditation sur les trois corps de bouddha : la nature de Bouddha. On trouve là encore différentes terminologies dans les textes de l'école Nyingmapa, ou ancienne traduction : la méditation sur les trois kâyas y est appelée les trois stabilisations méditatives ou samadhi : la telléité, l'apparence de toute chose, et la cause.

Les pratiques de l'étape de création communes au Tantra Yoga et au Tantra Yoga supérieur sont souvent expliquées sous la forme de trois samadhi : l'étape initiale, le roi suprême du mandala et le roi suprême de l'action. Lesquels diffèrent des stabilisations méditatives décrites dans l'école Nyingmapa.

Pour être concis, disons que la méditation sur les trois kâyas est celle au cours de laquelle on incorpore à la voie les trois processus : mort, état intermédiaire et renaissance. En l'occurrence, on incorpore la mort à la voie sous la forme du dharmakâya, ou Corps de Vérité, en imaginant le processus réel de la mort au cours d'une méditation. Mentalement, on dissout et on résorbe tous les processus mentaux et les énergies des souffles qui y correspondent. Le processus de mort débute avec la dissolution des éléments dans le corps. Celle-ci comporte huit étapes, à commencer par la dissolution de l'élément terre. Viennent ensuite celle de l'eau, puis du feu et de l'air (souffle). S'ensuivent les quatre étapes suivantes : l'apparence blanche, l'accroissement rouge, le quasi-accomplissement noir et la claire lumière de la mort. Au cours de l'étape de création, on expérimente ces différents processus de dissolution par la seule imagination. Cependant, lors de l'étape d'accomplissement, au fur et à mesure que le disciple progresse dans les réalisations, les accomplissements successifs, la conscience qu'il en a devient de plus en plus réaliste et pénétrante. Le praticant est finalement capable de faire l'expérience, au cours de la méditation, de la dissolution réelle – et spécialement de l'expérience de claire lumière – tout comme elle se passera au moment réel de sa mort.

Certains scientifiques modernes ont mené des recherches sur ce qui se passait au moment de la mort. On peut obtenir des résultats probants si l'on centre ce genre de recherche sur des personnes qui ont une expérience de la mort lente et progressive car les signes de dissolution sont alors beaucoup plus apparents et clairs. Ce lent processus qui suit certaines étapes se met en place naturellement chez celui qui est malade depuis longtemps.

Un disciple du tantra qui est partiellement réalisé est en mesure de reconnaître ces étapes du processus de mort au fur et à mesure de leur apparition, tout en restant conscient et sans se laisser submerger par elles, et les utilise à des fins positives. Cette aptitude est le résultat d'une vie entière de pratique de la méditation. Les gens ordinaires restent généralement dans la claire lumière de la mort durant trois jours mais certains méditants peuvent s'y maintenir environ une semaine, voire, de façon très exceptionnelle, plusieurs semaines. Le signe extérieur permettant de se rendre compte qu'une personne est dans l'état de claire lumière est qu'elle est cliniquement morte mais que son corps ne se décompose pas.

Un ami médecin a voulu tenter une expérience sur des méditants de ce type au moment de leur passage dans la mort. Il m'a laissé un instrument spécial pour prendre des mesures mais tout ceci est, semble-t-il, une ironie du sort : pour mener à bien cette expérience, il me faut attendre qu'un méditant décède !

Au cours de la pratique de l'étape de création, au moment où l'on expérimente la claire lumière par l'imagination, on doit s'engager dans un équilibre méditatif sur la vacuité. C'est la méditation sur le Corps de Vérité ; elle purifie la mort ordinaire.

Tout comme une personne ordinaire, après avoir fait l'expérience de la claire lumière de la mort, entre dans l'état intermédiaire et revêt un corps subtil, le pratiquant de l'étape de création, après être sorti de l'équilibre méditatif sur la vacuité, revêt un corps subtil en imagination. C'est la méditation du Corps de Joie ; elle purifie l'état intermédiaire ordinaire.

Puis, tout comme l'être ordinaire quitte l'état intermédiaire et revêt un corps physique grossier, renaissant ainsi à une nouvelle vie, le pratiquant de l'étape de création sort du Corps de Joie et revêt le Corps de Manifestation. C'est la méditation sur le Corps d'Emanation ; elle purifie la renaissance ordinaire.

Nombre de manuels expliquent la façon de s'autogénérer en divinité lors de l'étape de création. Certaines pratiques prônent l'éveil du *Détenteur du Vajra causal* qui se transforme ensuite en *Détenteur du Vajra qui en résulte*[75]. Ailleurs, l'autogénération s'opère à travers un processus qui s'appelle les cinq clarifications, ou abhisambodhis[76]. Ainsi, il existe différentes méthodes pour s'autogénérer en divinité. Dans les différentes sadhânas de l'étape de création, il existe nombre de visualisations de la divinité. Si elles sont toutes importantes, une d'entre elles prime : c'est la méditation sur le vaste et le profond, au cours de laquelle on cultive la clarté de la visualisation conjointe à la fierté adamantine. Comme nous l'avons déjà vu, le pratiquant doit cultiver la claire, la lumineuse apparence de la divinité avant de cultiver la fierté adamantine ou sa propre identité comme celle de la divinité.

Le pratiquant sérieux devrait toujours prendre de la distance et se préoccuper de son niveau personnel de réalisation lorsqu'il entreprend ces méditations. Il vous faut en effet veiller à préserver la méditation de l'influence que pourraient avoir sur elle l'abattement ou l'excitation du mental : car elle doit être soutenue et concertée. Les principaux obstacles qui s'opposent au maintien d'une certaine acuité d'esprit sont les distractions et les pensées qui viennent de l'extérieur. On y trouve de très nombreux états mentaux comme par exemple le bavardage et l'excitation. Ils sont dus au fait que l'esprit est attiré par un objet désirable ou que la méditation est trop intense. Pour contrebalancer et maîtriser cet influx, on recommande au méditant d'avoir recours à des techniques permettant de relaxer, de calmer l'esprit en détournant son attention des objets extérieurs afin d'abaisser son degré d'excitation. A cet égard, réfléchir sur la nature fondamentalement non satisfaisante de la vie dans le samsara contribuera à cet apaisement.

Afin d'affermir et de stabiliser l'acuité de l'esprit, il vous faut percevoir clairement l'objet. Car sans clarté, bien qu'étant en mesure de vous détourner de l'extérieur, vous ne serez pas encore capable d'atteindre l'acuité. La clarté peut revêtir deux aspects : la clarté de l'objet perçu et la clarté de l'esprit qui perçoit, c'est-à-dire de l'expérience subjective elle-même. L'obstacle à la clarté de l'esprit est l'abattement, la submersion. Quand vous vous sentez chavirer, vous devez recourir aux méthodes qui réveillent, redressent l'esprit. En s'engageant dans une méditation sur l'acuité, il faut évaluer votre état d'esprit, votre humeur, votre tempérament pour estimer s'il est trop intense ou s'il est alerte, s'il est bien relaxé ou trop relâché. Vous jugerez ainsi par vous-même jusqu'où il vous faut recourir aux techniques diverses permettant de cultiver la stabilité de l'acuité.

Du fait du caractère unique de l'objet de la méditation – vous-même sous la forme de la divinité – et du fait du point unique de concentration de votre attention – à divers endroits au sein du corps –, vous serez en mesure dans le Tantra Yoga supérieur de mettre en mouvement les éléments vitaux dans ce corps. Je connais quant à moi des méditants qui ont vécu des expériences mystiques qu'ils m'ont racontées. Je leur enseigne la façon de méditer et j'ai l'opportunité de les écouter raconter leur expérience. Voilà une bonne affaire, qu'en dites-vous !

Lorsque vous êtes en mesure de maintenir avec acuité une claire image de la divinité pendant suffisamment de temps, cela évite d'émerger de la vision et des concepts ordinaires et permet de vivre la fierté adamantine. En fait, à travers tous ces stades de méditation, il est essentiel de préserver une intelligence continue de la vacuité en réaffirmant constamment la connaissance originelle que vous en avez. Résultat de l'engagement dans la pratique méditative menée avec précision, vous progresserez jusqu'à ce que vous puissiez avoir une visualisation claire et éclatante du mandala complet et des divinités qui l'occupent, tout comme si vous les voyiez avec vos yeux. C'est le signe que vous avez atteint le premier niveau de la phase de création [77].

Lorsque, comme aboutissement de la méditation, vous atteignez l'étape où vous avez – au cours d'un seul instant de conscience – une claire visualisation des divinités et même des plus subtiles qui ont été générées à partir des parties de votre corps, alors vous avez atteint le second niveau de la phase de création. Puis, une fois que vous êtes parvenus à la stabilisation de l'acuité, différentes techniques sont à votre disposition pour maîtriser encore mieux cette aptitude – par exemple, faire sortir les divinités de votre cœur pour les dissoudre ensuite en lui et ainsi de suite. Ce genre de méditation comporte la visualisation de symboles subtils, ou mudrâs, à l'ouverture supérieure du canal central et de gouttes d'énergie subtile, comme des syllabes germées, à son extrémité inférieure. Puis quand la fatigue vous gagne, l'étape suivante dans la sâdhana est la répétition du mantra. Il en existe un nombre infini dans le Tantra Yoga supérieur : la répétition du mantra de l'engagement, la répétition du mantra de l'éclatante lumière, la répétition du mantra qui ressemble au palanquin, la répétition du mantra courroucé, et ainsi de suite.

Puis viennent les pratiques de la période post-méditative. Et puisqu'il ne faut jamais que le pratiquant tantrique soit séparé de la pratique conjointe de la méthode et de la sagesse dans la vie quotidienne, même cette période est importante. Le tantra parle de différents yoga post-méditatifs comme le yoga du sommeil, l'observance d'un régime alimentaire approprié, la manière de prendre un bain, etc. Un méditant tantrique sérieux et avancé peut même recourir à certaines méthodes au cours de la défécation ou lorsqu'il urine. Les grands maîtres disent bien que les progrès que l'on fait au cours de la séance de méditation trouvent un complément, une prolongation et une confirmation dans les pratiques de la période post-méditative, et réciproquement.

C'est dans cette période que l'on juge précisément de la réussite de la méditation. Car si vous constatez que votre façon de penser, votre mode de vie, vos activités habituelles et votre comportement après la méditation ne changent pas d'un iota, et qu'ils restent les mêmes en dépit des années d'intense pratique, il est évident que cela n'est pas bon signe. Quand on prend un médicament, ce n'est pas la couleur, le goût ni la quantité qui importent mais bien le bénéfice que l'on en retire et l'effet qu'il produit sur le corps. Si en dépit d'une prise régulière et suivie sur une assez longue période, vous ne constatez aucun effet, il n'y a pas lieu de poursuivre ce traitement. Indépendamment du fait qu'une pratique est compliquée ou non, ce qui prime, c'est que vous trouviez un changement, une amélioration à votre état.

L'ÉTAPE D'ACCOMPLISSEMENT

Sur la base de la pratique de l'étape de création du yoga de la déité, on peut s'engager dans des activités variées qui préparent les étapes d'accomplissement. S'y adonner permet au méditant de commencer à ressentir certains effets bénéfiques au plan physique, corporel. Quand vous faites l'expérience d'effets physiques de cette sorte – telles que la béatitude induite par la fusion des éléments vitaux – c'est le signe que vous avez atteint le premier niveau de l'étape d'accomplissement.

A cette étape sont associées diverses pratiques comme le yoga du feu intérieur, le yoga du souffle, le yoga des quatre joies, etc. Le yoga du souffle par exemple est composé de techniques variées parmi lesquelles celle où l'on tient la respiration-vase et celle de la récitation-vajra. Après avoir progressé de l'étape de création aux premiers niveaux de l'étape d'accomplissement, un pratiquant laïque continuera sa progression en engageant une union sexuelle avec un ou une parèdre. Ce qui n'est pas le cas pour les yogis ordonnés ayant prononcé les vœux monastiques, tant moines que nonnes.

Afin de progresser encore dans l'étape d'accomplissement, le pratiquant doit d'abord posséder une connaissance complète de la nature subtile de son corps. Il lui faut connaître les canaux fixes, les vents ou prânas (souffles) qui circulent dans les canaux et les gouttes d'énergie subtile qui résident à des endroits spécifiques du corps. En ce qui concerne les canaux, les tantras en considèrent souvent trois principaux – le canal central et les canaux qui sont à sa gauche et à sa droite – ainsi que cinq centres ou *cakras* [78] situés sur ces canaux. Les trois principaux canaux se ramifient en une arborescence qui s'étend dans tout le corps ; les écrits tantriques mentionnent 72 000 canaux et quelques sûtras, comme *Entrée de Nanda dans la Matrice (Nandagarbhâvakrântinirdesa)* [79], en comptent 80 000.

En ce qui concerne les énergies qui circulent dans ces canaux, on en compte dix sortes principales : les cinq souffles de l'énergie majeurs et les cinq souffles de l'énergie mineurs[80]. Les gouttes (ou mouvements d'énergie) correspondent à l'élément blanc et à l'élément rouge. Le *Kâlacakra Tantra*, cependant, donne une liste des quatre gouttes[81] :

1. Celle qui se situe entre les sourcils et qui se manifeste pendant la période de veille ;
2. Celle qui se situe au niveau de la gorge et qui se manifeste pendant le rêve ;
3. Celle qui se situe au niveau du cœur et qui se manifeste lors du sommeil profond ;
4. Celle qui se situe au nombril et qui se manifeste lors du quatrième stade (l'orgasme sexuel).

Ce tantra propose une explication détaillée de ces gouttes : en fait, tout le corps du pratiquant – canaux, énergies et gouttes – s'appelle le kâlacakra interne, lequel est la base de la purification selon les pratiques de ce tantra particulier qui parle de trois sortes de kâlacakras, de roue du temps : externe, interne et alternative.

Une fois acquise la vision profonde de la nature subtile de son propre corps, le méditant repère les points critiques de son corps et les pénètre en méditation. Puis, aboutissement de cette étape, il, ou elle, est en mesure de dissoudre et de se dégager des courants des niveaux grossiers de l'esprit et des vents, des souffles vitaux qui leur correspondent. En fin de compte le yogi parvient à créer le niveau le plus subtil de claire lumière – la claire lumière de la mort –, moyen sur la voie, la sagesse qui réalise la vacuité. Parvenir à cette réalisation est comme trouver la clé avec laquelle vous pouvez ouvrir la malle aux trésors. Grâce à elle, l'éveil complet de la nature de Bouddha par la voie de Guhyasamâja, mettant en œuvre le corps illusoire grâce aux méthodes enseignées dans le *Guhyasamâja Tantra* vous est accessible, de même celui qui passe par la voie du *Kâlacakra Tantra* grâce à l'accomplissement de la forme vide ; vous pouvez aussi atteindre l'éveil par les pratiques du corps d'arc-en-ciel tel que l'expliquent le *Cakrasamvara Tantra* ou les enseignements de Dzogchen.

Une fois qu'il a maîtrisé l'esprit et l'aptitude à l'utiliser pour les pratiques de la voie pendant l'état de veille, le yogi les met au service des pratiques de la voie pendant l'état de rêve. On appelle ces méditations les *neuf mélanges* : trois ont lieu pendant l'état de veille, trois pendant l'état de rêve et trois au cours de la mort [82].

On dit que le meilleur pratiquant du Tantra Yoga supérieur est celui qui peut atteindre l'éveil complet au cours de sa vie ; le pratiquant du niveau intermédiaire atteint l'éveil complet pendant la phase intermédiaire ; quant au pratiquant du niveau inférieur il l'atteindra dans une vie future. Les yogis des deux dernières catégories reçoivent l'enseignement du transfert de la conscience[83]. Il existe une pratique similaire appelée « l'entrée dans une ville » qui est une forme de résurrection où la conscience de l'individu quitte son vieux corps pour intégrer le corps d'un être sensible qui vient de mourir. Ces techniques appartiennent à un corpus de pratiques méditatives que l'on appelle *les six yogas de Naropa*[84]. Ce sont des instructions tantriques que le maître indien Naropa a extraites de différents tantras et qui constituent le cœur de la tradition méditative de la lignée Kagyupa. La tradition Gelugpa met également l'accent sur la pratique des six yogas de Naropa[85], que l'on trouve de la même façon dans les méditations de la pratique Sakyapa de la « Voie et du But » ou Lam-dre. Les éléments essentiels se retrouvent encore dans la pratique Nyingmapa appelée « la goutte du cœur ».

LE TANTRA YOGA SUPÉRIEUR TEL QUE LE PRÉSENTE L'ÉCOLE DES ANCIENS

Nous venons de parler des procédures du Tantra Yoga supérieur telles que les proposent les écoles de la Traduction Nouvelle. Cependant, dans celle de l'Ancienne Traduction, l'école Nyingmapa, on fait référence aux pratiques de la Voie de la Grande Perfection – Mahâtiyoga. Ses enseignements se divisent en trois catégories :

1. La catégorie de l'esprit ;
2. La catégorie des instructions essentielles ;
3. la catégorie de l'espace.

Bien qu'il existe une littérature abondante sur ces sujets, il est assez difficile de discerner certaines subtilités de ces pratiques associées aux trois catégories d'enseignements. Parmi elles, la série des instructions essentielles est considérée comme la plus profonde. On pourrait dire que la pratique des deux premières catégories pose les bases de la pratique de la percée dont on a précédemment parlé.

La vision de la vacuité telle qu'elle est expliquée dans les catégories de l'esprit et de l'espace présente des traits uniques la distinguant de la vision de la vacuité que l'on peut trouver dans les huit voies au sein des neuf divisions des yânas. Cependant, il est très difficile d'éclaircir ce point. Les enseignements que l'on trouve dans la collection des instructions essentielles parlent de deux buts : la mise en œuvre de la *pure irradiation primordiale de dharmakâya* et la mise en œuvre de l'*irradiation extérieure spontanée de sambhogakâya.* Si l'on en croit certains maîtres, on met en œuvre ces deux manifestations de l'être illuminé par le biais des techniques de la percée et du saut direct. L'assimilation correcte des différents éléments de l'école de la Grande Perfection permet une bien meilleure compréhension de la grande perfection de la base, de la grande perfection de la voie et de la grande perfection du résultat, de l'état qui en résulte.

Comme nous l'avons déjà dit, seule l'expérience permet de comprendre ces aspects de la méthode : on ne peut en effet les décrire avec des mots. On peut commencer à en apprécier la profondeur et la difficulté en lisant le propre texte de Longchen Rabjampa sur les pratiques de la Grande Perfection, *The Treasury of the Supreme Vehicle (Theg mchog mdzod).* Le texte racine est très difficile et le commentaire que fait l'auteur de son propre texte plutôt copieux et indigeste. Un autre texte de Longchenpa est *The Treasury of the Expanse of Reality (Chos dbyings mdzod)*, dans lequel il a développé également les pratiques de la Grande Perfection. En fait, c'est ce second texte qui donne en quelque sorte la clé de Dzogchen. Si vous comprenez les pratiques de la Grande Perfection à l'appui de ces deux textes fondamentaux, alors vous pouvez espérer comprendre de façon fiable cette pratique. Il est également essentiel d'étudier l'ouvrage de Kunkhyen Jigme Lingpa, *Treasury of Enligtened Attributes (Yon tan mdzod)* à la fin duquel on trouve une explication de la pratique de Dzogchen.

Vous pouvez également consulter d'autres textes écrits par des maîtres ayant fait eux-mêmes l'expérience de la Grande Perfection, des maîtres hautement réalisés qui ont été capables d'extraire l'essence des différents éléments des pratiques de la Grande Perfection et donc de les expliquer avec autant de concision que de précision. Cependant, si nous avions seulement ces textes pour tout comprendre, ce ne serait pas suffisant. Par exemple, le Sûtra de la Sagesse le plus court consiste en la seule lettre A, laquelle contient tous les sens et la signification globale de tous les phénomènes. Il ne suffit pas, cependant, de répéter cette lettre et de ne réfléchir qu'à cette lettre. Car bien que le Bouddha ait été en mesure d'y intégrer l'essence de la doctrine de la vacuité, rien ne garantit que l'on peut la comprendre dans sa plénitude en se basant sur cette seule lettre.

Comme nous l'avons déjà envisagé lors de la dernière séance de questions-réponses, la philosophie Madhyamaka doit être étudiée dans toute sa complexité, en examinant les différents éléments et les raisonnements qui mènent les tenants de l'école Madhyamaka à la conclusion que tous les phénomènes n'ont pas d'existence inhérente. Pour comprendre pleinement ce point philosophique et ses implications subtiles, il faut également assimiler les points de vue des écoles inférieures de pensée.

D'une certaine façon, notre conclusion est très simple : parce que les phénomènes dépendent de causes, de conditions et d'autres aspects, ils ne possèdent pas un statut indépendant. De là, on dit que tous les phénomènes sont dénués d'existence inhérente. Mais, bien que cette conclusion semble simple, si vous tentez d'approcher directement la vision de la vacuité des Prâsangika depuis le tout début – « parce que les choses sont interdépendantes et qu'elles sont dépendantes à l'origine, elles sont vides » – vous ne comprendrez probablement pas toutes ses implications et ses inductions. De même, si vous lisez un texte court de la Grande Perfection, même s'il a été écrit par un lama d'expérience, et si vous trouvez que sa vision et la pratique de Dzogchen sont tout à fait simples, c'est la preuve que vous ne les avez pas comprises. Ce serait vraiment de la dérision que le plus élevé des neuf degrés de la voie, la Grande Perfection, soit le plus simple ! Ce serait même le comble de l'humour !

VINGT

Questions et réponses

QUESTION. Votre Sainteté, si j'ai bien compris, par le passé les pratiques avancées du tantrisme étaient dispensées sous contrôle et dans le cadre restreint d'une relation de maître à disciple. Aujourd'hui, on les dispense librement, y compris aux débutants. Pourquoi ce changement comporte-t-il des dangers ?

S.S. LE DALAÏ-LAMA. Certes. Mais si ce changement présente sans doute certains dangers, il a également une raison. C'est un choix. Il existe en effet déjà une littérature tantrique prolifique, dont la plupart des textes expliquent malheureusement mal les pratiques, ce qui est très préjudiciable car il s'ensuit une interprétation erronée du tantra. Proposer des enseignements permettant un décryptage correct des tantras peut contribuer à dissiper cette confusion. Bien que je ne prétende pas quant à moi avoir atteint un haut degré d'accomplissement dans la connaissance des tantras, je peux me rendre compte de la confusion extrême qui règne dans ce domaine. La cause en est que les enseignements ont été transmis par certains maîtres qui manquaient de connaissance et par leurs disciples qui n'étaient pas vraiment qualifiés pour ce faire. C'est la raison pour laquelle il est nécessaire que des maîtres tantriques qualifiés donnent aujourd'hui des explications correctes des pratiques tantriques afin de contribuer à déjouer les pièges des mauvaises interprétations.

QUESTION. Votre Sainteté, dans un commentaire sur les écrits de Longchenpa, Sa Sainteté Dudjom Rinpoché disait que la nature de la vacuité peut être perçue directement. Pouvez-vous expliquer comment le pratiquant ordinaire apprend à percevoir la vacuité ? Et, si cela est possible, pourquoi est-il si difficile de réaliser la vacuité ?

S.S. LE DALAÏ-LAMA. Il est important à cet égard de bien comprendre ce que signifient vacuité, ou vide, et vérité ultime. Les écrits bouddhistes proposent nombre de références à la vérité ultime. Comme dans l'ouvrage de Maitreya *Madhyântavibhâga (Distinguer la Voie du Milieu des extrêmes)*, dans lequel il évoque trois usages différents du terme ultime : le sens ultime, le but (ou la réalisation) ultime, et la voie ultime[86]. De la même façon, dans *Uttaratantra,* il parle des objets relatifs et ultimes de refuge[87]. On retrouve encore ce terme dans le traité *Satyadvayavibhâga (Analyse des Deux Vérités)*, où le maître indien Jnânagarbha fait référence aux deux sortes de sens ultime : l'ultime actuel et l'ultime concordant ou similitude de l'ultime, chacun d'eux possédant par ailleurs deux niveaux de compréhension. En outre, si l'on en croit certains tantras comme le *Guhyasamâja Tantra,* la claire lumière est la vérité ultime et le corps illusoire est la vérité conventionnelle.

De la même façon, il existe des sens différents pour le mot *vacuité*. Nous avons déjà vu que les écoles philosophiques du bouddhisme proposent des interprétations de ce terme qui diffèrent. De plus, le *Kâlacakra Tantra* parle d'une sorte spécifique de vacuité : la vacuité de toutes formes de matérialité. A son tour, cette vacuité peut être comprise à deux niveaux : la vacuité objective et la vacuité non objective. Puis la terminologie tantrique du *Guhyasamâja Tantra* décrit quatre sortes de vacuité. Ce sont les quatre types d'état dont on fait l'expérience au cours du processus de dissolution au moment de la mort :

1. Le *vide* qui apparaît lorsque les niveaux grossiers de l'esprit – c'est-à-dire les quatre-vingts conceptions indicatives – se dissolvent ;
2. Le *grand vide* qui apparaît lorsque toutes les apparences subtiles se dissolvent ;
3. Le *très vide* qui apparaît pendant la dissolution de l'accroissement rouge ;
4. Le *vide complet* qui se rapporte à l'expérience de la claire lumière mise en œuvre, laquelle est divisée en *claire lumière objective* qui est vacuité et *claire lumière subjective*. Peut-être ma réponse a-t-elle augmenté votre confusion mais je pense qu'il est important d'être conscient de ces subtilités !

Le terme *non-conceptualité*, quant à lui, prend une variété de sens en fonction du contexte dans lequel il est employé. Car il existe des états non conceptuels de l'esprit communs aux pratiques des bouddhistes et des non-bouddhistes. Au sein du système des sûtras, on compte des états non conceptuels de paix de l'esprit et d'autres de réalisation directe de la vacuité. Il existe des états non conceptuels lors de la phase de création comme lors de celle d'accomplissement. Même au sein de cette dernière, on compte les états non conceptuels des êtres ordinaires et ceux des êtres supérieurs. On trouve ainsi un nombre impressionnant de plans différents et de connotations dépendant directement du contexte et du niveau d'étude. Le maître Nyingmapa Dodrup Jigme Tenpai Nyima a dit que, malgré le fait que l'on utilise le terme *grand étonnement* (ravissement) dans Dzogchen, il existe différentes sortes de grand étonnement depuis le choc que subit le mendiant attaqué par une meute jusqu'à l'émerveillement sublime de celui qui atteint la réalisation ultime de l'étape d'accomplissement. Il existe nombre de ravissements[88].

Il vous est maintenant possible de comprendre qu'essayer d'entrevoir le sens d'un mot comme *vacuité* n'est pas une mince affaire. Il vous faut en effet connaître tous les sens différents dans les contextes différents et la façon de les pratiquer. A la fin vous arriverez à comprendre la signification particulière du point de vue Dzogchen. Généralement, dans la pratique du Tantra Yoga supérieur et, plus particulièrement, dans les techniques méditatives de Dzogchen, on fait plus de place à l'expérience subjective de la vacuité qu'à une vacuité objective.

Dans Dzogchen, toute la pratique est fondée sur trois facultés : l'entité (ou la pureté), la nature (ou spontanéité) et la compassion. Ainsi l'entité, qui est pureté, est vacuité objective telle que l'a exposée le Bouddha dans la seconde mise en mouvement de la Roue du Dharma. Sans avoir bien perçu la vacuité telle qu'on l'enseigne dans les sûtras de la sagesse, on ne peut faire de progrès signifiant dans les pratiques Dzogchen de la percée et du saut direct.

Si vous avez bien compris les pratiques de la Grande Perfection, vous pouvez utiliser ces techniques méditatives qui ne dépendent pas de la dissolution des niveaux grossiers de l'esprit et grâce auxquelles vous êtes en mesure de contempler et de refléter la nature de claire lumière de votre propre esprit. Bien que vous soyez sujets consciemment à des expériences illusoires, puisque celles-ci font partie de la conscience, elles possèdent également la nature de la luminosité et de la connaissance. Tout comme la graine de sésame est infiltrée d'huile, toutes les facettes du mental, tant positives que négatives, sont infiltrées par une nature fondamentale lumineuse et connaissante. Si vous comprenez bien les techniques de Dzogchen, vous serez en mesure de maintenir la conscience de la nature fondamentale de l'esprit même lorsque vous serez confrontés aux niveaux grossiers de l'illusion. Cette technique est unique dans la méditation Dzogchen.

Longchen Rabjampa a écrit[89] que bien qu'il vît beaucoup de gens pratiquer la Grande Perfection, dans bien des cas cette pratique était purement et simplement nulle ! Donc il s'agit là d'une pratique profonde et difficile. Et puisque c'est là une voie extrêmement ardue, ce n'est pas un cheminement que l'on peut étudier ou enseigner par la seule parole. Bien au contraire, le pratiquant, après avoir construit une base solidement établie sur de nombreux mérites, devrait approfondir sa compréhension sous la houlette d'un maître expérimenté. Lorsque tous ces facteurs seront réunis, et seulement à ce moment-là, on sera en mesure de tirer le plus grand profit des méthodes proposées par la Grande Perfection.

QUESTION. J'ai reçu plusieurs initiations, mais il me semble que je suis capable de ne pratiquer que celle de Chenrezig. Serait-il préférable que je ne reçoive pas l'initiation de Târâ ?

S.S. LE DALAÏ-LAMA. Vous pouvez la recevoir ou non. Cela ne fera pas grande différence en ce qui concerne le volume des exigences liées à votre pratique. Puisque vous avez reçu l'initiation de Chenrezig et que vous avez déjà pris les engagements fondamentaux du tantrisme, recevoir l'initiation de Târâ n'impliquera rien de plus. Par ailleurs, il n'y a pas de fossé entre Chenrezig et Târâ !

QUESTION. En relation avec la nature de l'esprit, qu'est-ce que la luminosité ?

S.S. LE DALAÏ-LAMA. Il est intéressant de réfléchir ici à un passage des écrits Sakyapa qui dit qu'entre les différents moments de la pensée conceptuelle, la nature de claire lumière de l'esprit apparaît sans interruption [90].

Disons par exemple que vous regardez un objet qui n'est pas très coloré et dont les teintes sont plutôt monochromes et peu attirantes. Observez-le un moment avec beaucoup d'attention. Avec détermination, maintenez votre concentration et votre attention sur votre propre perception sans vous laisser distraire par aucun objet intérieur ni extérieur. Quand on a atteint un haut niveau d'attention, on est capable de repérer l'instant où l'on se laisse distraire. Si vous entendez, par exemple, un air mélodieux, au moment où vous êtes distrait, vous allez en prendre conscience dans l'instant et renforcer votre attention. Si des souvenirs du passé viennent à émerger, ou si des projets futurs se profilent, vous reconnaîtrez immédiatement votre distraction. En règle générale, nombre de pensées conceptuelles affleurent constamment dans nos esprits, de temps en temps afin d'en obscurcir la nature essentielle. Lorsque vous recourez à cette technique d'attention et que vous maintenez votre conscience sur le seul objet qui est en face de vous, vous dégagez tous les épiphénomènes conceptuels qui obscurcissent l'état naturel de votre esprit. Vous percevez alors progressivement un état de grande stabilité et de grande lucidité.

En temps ordinaire, notre esprit est obnubilé par de nombreuses pensées et émotions. Afin de reconnaître et d'identifier la nature essentielle de l'esprit, il est nécessaire de se dépouiller des différentes couches conceptuelles et d'éclairer ce qui est obstrué. On pourra ainsi voir le vrai visage de notre esprit. Telle est la technique par laquelle on recherche l'objet de la méditation, l'esprit essentiel, afin de développer la paix de l'esprit.

En appliquant par vous-même ces pratiques et en forgeant votre propre expérience, lorsque vous parlerez de la connaissance à l'avenir, ce ne sera plus seulement des mots. Vous comprendrez alors ce que la « conscience » implique et ce que c'est. Il s'agit là d'un phénomène non obstruant, non matériel, qui est lumineux et qui réfléchit les objets en en faisant apparaître la manifestation.

La conscience est comme un cristal : s'il est posé sur un support coloré, vous ne pouvez pas en voir la clarté réelle, ce qui est le cas lorsque vous l'enlevez de ce support. Vous pouvez alors percevoir sa clarté.

La luminosité, ou la clarté naturelle de l'esprit, est quelque chose que je ne peux complètement vous expliquer avec des mots. Si, d'autre part, vous vous livrez à ces expériences, vous comprendrez par vous-même et vous vous écrierez : « Ah ! mais c'est bien sûr cela, la nature lumineuse de l'esprit ! »

QUESTION. Votre Sainteté, pouvez-vous en dire un peu plus sur le gourou-yoga tel qu'il est pratiqué dans les traditions tibétaines ? Il semble qu'il s'agisse là d'un sujet important que vous n'avez évoqué que très rapidement et une seule fois. Je me demande également si vous pensez qu'il est vraiment nécessaire de se livrer à une étude complète de toutes les explications du tantra et de Dzogchen dans tous les cas, étant donné la brièveté du temps.

S.S. LE DALAÏ-LAMA. Voilà qui est bien vrai – le temps est très court ! Quand j'enseigne la Grande Exposition des Tantra *(sNgags rim chen mo)* de Tsonkhapa, je mets généralement vingt jours sans même m'interrompre pour la traduction. En ces lieux, nous avons fait le tour du bouddhisme tibétain en neuf heures seulement et la plus grande partie du temps, c'est mon interprète qui a parlé !

La pratique du gourou-yoga est en effet très importante. Il faut l'entreprendre lorsque du fond du cœur vous avez choisi votre Lama-racine. Sur cette base-là, vous pouvez commencer à pratiquer le gourou-yoga de l'indivisibilité de la divinité et de votre gourou-lama.

Dans le *Gurupancâsikâ*, un texte soulignant la relation juste qui doit exister entre le gourou et son disciple selon le Tantra Yoga supérieur, on dit que si vous êtes dans l'incapacité de suivre les conseils que vous donne votre gourou, il faut le lui dire explicitement et directement. C'est ainsi qu'il faut procéder selon le modèle général de la voie bouddhiste. Le Bouddha explique lui-même dans les sûtras que tout conseil donné par un gourou doit être suivi s'il est compatible avec une pratique vertueuse. Dans le cas contraire, même s'il s'agit du conseil d'un gourou, il ne faut pas le suivre. Les enseignements du Vinaya disent également que, si l'un des conseils du gourou vient à contredire le Dharma, c'est à vous de lui répondre et de lui expliquer que son conseil n'est pas bon. Que ses disciples remarquent avec sincérité les erreurs du gourou et lui expliquent la raison pour laquelle sa conduite est contraire, aidera le gourou à la corriger et à rectifier ses actes. C'est pourquoi je vous donne aujourd'hui cette explication.

Je m'applique en effet les mêmes principes. Je précise toujours aux Tibétains et aux autres personnes que je rencontre qu'ils doivent utiliser dans leur vie quotidienne ce qu'ils trouvent positif et bénéfique dans mes enseignements mais qu'ils doivent laisser de côté ce qui ne l'est pas.

En ce qui concerne le gourou-yoga, il faut cependant distinguer entre le gourou définitif et le gourou qui interprète. Le premier est la claire lumière, le plus subtil de l'esprit du yogi. Par son intermédiaire, on peut voir son propre esprit, le gourou et la divinité de la méditation comme étant indivisibles. Pour dire les choses autrement, lorsque vous pensez que ces trois éléments sont inséparables, vous avez la vision qu'ils sont tous les trois liés ensemble par une corde.

QUESTION. Sa Sainteté peut-elle expliquer le sens des bénédictions : comment les donne-t-on et comment les reçoit-on ?

S.S. LE DALAÏ-LAMA. En tibétain, le terme pour grâce est *jin-lab*, ce qui signifie transformation par l'intermédiaire de la majesté ou du pouvoir. En bref, le sens de « bénédiction » est d'amener une transformation bénéfique dans un esprit, et que ce mieux soit le résultat de l'expérience. Les canons bouddhistes parlent également de consécration, de grâce...

> QUESTION. Il existe deux sortes d'initiations : en tibétain, *je-nang* et *wang*. De ces deux-là, seule celle qui est dite *je-nang* peut être donnée au public, et encore, dans une certaine limite. Bien des gens de cet auditoire ne sont pas bouddhistes et même les bouddhistes présents ne recevront pas l'initiation *wang*. Votre Sainteté, pouvez-vous expliquer la valeur de l'initiation d'aujourd'hui ?

S.S. LE DALAÏ-LAMA. Lors d'une initiation, il y a quelques personnes qui ne sont pas préparées à prendre l'engagement d'une pleine initiation et d'autres qui ne souhaitent pas la recevoir du tout. C'est la raison pour laquelle je propose à ces personnes-là de ne pas faire les visualisations qui font partie intégrante de la cérémonie d'initiation. On donne une *je-nang*, une permission, à une personne qui a déjà reçu une transmission de pouvoir ou initiation. L'initiation de Târâ, que je vais vous donner aujourd'hui, comporte les quatre initiations condensées dans la bénédiction de Târâ. C'est pourquoi il faut au préalable que le récipiendaire ait reçu l'initiation d'une divinité du Tantra Yoga supérieur.

QUESTION. Quelle est la solution que vous préconisez à une guerre religieuse, où les deux partis réclament la terre au nom du droit divin ?

S.S. LE DALAÏ-LAMA. Peut-être faut-il que le conflit s'aggrave de plus en plus. Lorsque les gens sont engagés dans ce genre de combat au point qu'aucun des deux n'écoute, personne ne peut faire preuve de bon sens. Peut-être n'y a-t-il aucune autre alternative que le combat, le combat et encore le combat jusqu'à ce qu'un jour les deux parties soient épuisées !

QUESTION. Pour ceux qui ne sont pas initiés, voudriez-vous, Votre Sainteté, expliquer quelles sont les pratiques quotidiennes à suivre, quelles en sont les justes motivations et quels profits peuvent résulter de ces pratiques afin de bénéficier pleinement de l'initiation de Târâ ?

S.S. LE DALAÏ-LAMA. Dès que vous vous levez le matin, si vous êtes motivé par votre développement spirituel, il faut faire l'examen de votre esprit et tenter de trouver la motivation juste. Puis faites la promesse avec détermination que dans l'avenir, et particulièrement en ce jour qui se lève, vous aurez une conduite juste et que vos pensées seront telles. Pensez que vous allez aider les autres comme il convient et que, si ce n'est pas possible, au moins vous essayerez de ne pas leur faire de mal. Puis de temps en temps au cours de la journée, rappelez-vous constamment cette promesse, cette motivation.

Le soir, repensez à la journée écoulée et demandez-vous si vous avez été ce jour-là dans la droite ligne de la promesse que vous vous étiez faite. Si vous trouvez une seule chose positive, alors c'est bon – soyez heureux ! Donnez une nouvelle force à votre détermination en vous réjouissant de vos bonnes actions et en prenant la résolution de poursuivre dans cette voie. Si vous trouvez une seule chose négative, éprouvez du remords pour ce que vous avez fait et corrigez-vous en réfléchissant aux actes négatifs que vous avez déjà commis dans le passé ; ils sont la cause de ce que vous faites encore aujourd'hui comme la conséquence ô combien indésirable. Pensez que si vous continuez dans cette voie, elle vous conduira aux mêmes conséquences indésirables encore et encore.

Telle est la voie : essayez, essayez, essayez encore ! Puis, par-delà le temps, il y a l'espoir. Il est toujours possible de s'améliorer. Les bénédictions venant d'autrui ne suffisent pas. En tant que bouddhiste, il y a des milliers et des milliers, des millions et des billions de bouddhas et de bodhisattvas par là et par là. Mais nous sommes ici et maintenant, confrontés à de nombreuses difficultés à chaque fois que les choses vont mal. Les bénédictions ne sont pas suffisantes. Est-ce clair ? Elles doivent venir de l'intérieur. Si aucun effort ne les attire, les bénédictions ne viendront pas. Il n'y aura pas d'état de grâce. Cela vous convient-il ?

Glossaire

FRANÇAIS	TIBÉTAIN	SANSCRIT	ANGLAIS
Fierté adamantine	*lha'i nga rgyal*		*divine pride*
Mise en mouvement de la Roue du Dharma	*chos'khor bskor ba*	dharmacakra pravartana	*turning of the wheel of Dharma*
Tout Esprit, Seulement Esprit (une des principales écoles philosophiques du bouddhisme Mahâyâna)	*sems tsam*	cittamâtra	*Mind Only*
Afflux de lumière par la récitation du mantra	*phung bzlas*		*heap of light mantra repetition*
Aspect de la méthode	*thabs kyi cha*		*method factor (of the path)*

FRANÇAIS	TIBÉTAIN	SANSCRIT	ANGLAIS
Aspect de la Sagesse	*shes rab kyi cha*		*Wisdom factor of the path*
Caractéristiques intrinsèques	*rang gi mtshan nyid*	svalaksana	*intrinsic characteristics*
Catégorie de l'espace (propre au Dzogchen)	*klong sde*		*category of space*
Catégorie de l'esprit (propre au Dzogchen)	*sems sde*		*category of mind*
Catégorie des instructions essentielles (propre au Dzogchen)	*man ngag gi sde*		*category of quintessential instructions*
Détenteur du Vajra	*rgyu rdo rje'dzin pa*		*causal Vajra holder*
Chaleur intérieure	*gtum mo*		*inner heat*
Cinq Bouddhas primordiaux	*gshegs pa*		*dhyâni*[91] *Buddha*
Cinq clarifications	*mngon byang lnga*		*five clarifications*
Claire lumière objective	*yul gyi'od gsal*		*objective clear light*
Claire lumière subjective	*yul can gyi'od gsal*		*subjective clear light*

FRANÇAIS	TIBÉTAIN	SANSCRIT	ANGLAIS
Clarifier les distinctions[92]	*phye ba'i chos'khor*		*elucidating the distinctions*
Compassion	*thugs rje*	karunâ	*compassion*
Compréhension de l'égalité, par l'échange de soi et des autres	*bdag gzhan mnyam brjes*		*equalizing (and exchanging) oneself and others*
Concentration qui procure la libération à la fin du son	*sgra thar thar pa sterba'i bsam gtan*		*concentration which bestows liberation at the end of sound*
Concentration sur le feu	*me gnas kyi bsam gtan*		*concentration abiding in fire*
Concentration sur le son	*sgra gnas kyi bsam gtan*		*concentration abiding in sound*
Connaissance constante	*lhan cig dmigs nges*	sahopalam-bhaniyama	*constant co-cognition*
Conscience	*rnam par shes pa*	vijñâna	*consciousness*
Intelligence primordiale	*rig pa*		*pristine awareness*
Base de tout	*kun gzhi*	âlaya	*fundamental basis*

FRANÇAIS	TIBÉTAIN	SANSCRIT	ANGLAIS
Conscience fondamentale (concept central de l'école Yogâcara du Mahâyâna)	*kun gzhi rnam shes*	âlayavijñâna	*fundamental / foundational consciousness*
Tantra de la Cause	*rgyu'i rgyud*		*causal Tantra*
Contrôlé de l'extérieur, dépendant	*gzhan dbang can*		*other-powered*
Corps de Vérité	*chos sku*	dharmakâya	*Truth Body*
Corps de Parfaite Jouissance	*long spyod rdzogs pa'i sku*	sambhogakâya	*Complete Enjoyment Body*
Corps de Manifestation	*sprul sku*	nirmânakâya	*Emanation Body*
Corps formel	*gzugs sku*	rûpakâya	*Form Body*
Corps illusoire	*sgyu lus*		*illusory Body*
Corps mental	*yid lus*		*mental Body*
Apaiser l'esprit	*zhi gnas*	'samatha	*tranquil (or calm) abiding*
Déité de la lettre	*yi ge'i lha*		*deity of letter*
Déité de la vacuité	*stong pa'i lha*		*deity of emptiness*

FRANÇAIS	TIBÉTAIN	SANSCRIT	ANGLAIS
Déité des symboles	*phyag mtshan gyi lha*		*deity of the symbol*
Déité du sceau	*phyag rgya'i lha*		*deity of seal*
Déité du son	*gra'i lha*		*deity of sound*
Déité ultime	*don dam pa'i lha*		*ultimate deity*
Dénué de réalité et d'identité intrinsèques	*rang bzhin gyis grub pa'ingo bo med pa*		*devoid of intrinsic reality and identity*
Détenteur du Vajra-résultat	*'bras bu rdo rje'dzin pa*		*resultant Vajra holder*
Discipline, règle monastique[93]	*'dul ba*	Vinaya	*discipline ; monastic rule*
Divinité avec forme	*gzugs kyi lha*		*form deity*
Dix actes nuisibles[94]	*mi dge ba bcu*		*ten unwholesome actions*
Douze maillons de la chaîne de l'interdépendance	*rten'brel yan lag bcugnyis*		*twelve links (in the chain) of dependent origination*
Ecole du « vide d'autre »[95]	*gzhan stong*		*« Emptiness of other » school (Shen-tong)*

FRANÇAIS	TIBÉTAIN	SANSCRIT	ANGLAIS
Ecole Gelugpa	*dge lugs*		*Gelug*
Tenants de l'école Madhyamaka-Prâsangika (école philosophique dont les principaux inspirateurs sont Nâgârjuna et Candrakîrti)	*dbu ma thal'gyur pa*	Madhyamaka-Prâsangika	*Madhyamaka-Prâsangika*
Ecole Mûlasarvâstivâdin	*gzhi thamsbcad yod par smra pa*	Mûlasarvâs-tivâdin	*Mûlasarvâstivâ din school*
Ecole Nyingmapa (une des quatre écoles du bouddhisme tibétain ; la plus ancienne)	*mying ma*		*Nyingma school*
Ecole Yogâcara (école philosophique du Mahâyâna)	*rnal'byor spyod pa*		*Yogâcara*
Ecole Sâmkhya (école philosophique dualiste athée)	*grangs can pa*	Sâmkhya	*Sâmkhya school*
Ecole Sautrântika[96]	*mdo sde pa*		*Sautrântika school*

FRANÇAIS	TIBÉTAIN	SANSCRIT	ANGLAIS
Ecole Vaibhâsika (une des deux principales écoles philosophiques du bouddhisme Hînayâna, adhérant à l'enseignement du Premier Tour de la Roue du Dharma)		Vaibhâsika	*profound path*
Tantra[97]	*rgyud*	tantra	*tantra*
Enseignements[98]	*bsre ba*		*mixings*
Voie du Milieu (principale école philsophique du Mahâyâna)	*dbu ma*	madhyamaka	*Middle Way*
Entraînement de l'esprit	*blo sbyong*		*mind training (lo-jong)*
Espace du Vajra qui embrasse tout	*mkha'khyab mkha'i rdo rje can*		*all-pervading Vajra space*
Esprit d'Eveil	*byang chub kyi sems*	bodhicitta	*bodhicitta*
La claire lumière fondamentale et non née de l'esprit	*gnyug ma lhan cig skyespa'i'od gsal gyi sems*		*fundamental innate mind of clear light*
Essence, nature	*ngo bo*	svabhâva	*entity/being*

FRANÇAIS	TIBÉTAIN	SANSCRIT	ANGLAIS
Phase de génération	*bskyed rim*		*Generation Stage*
Etape initiale	*las dang po pa*		*initial stage*
Etat libre de l'existence cyclique[99]	*myang'das*	nirvâna	*freedom from cyclic existence*
Existence inhérente, intrinsèque	*rang bzhin gyis grub pa*	svabhâvasiddha	*inherent existence/ intrinsic existence*
Forme de vacuité	*stong gzugs*	'sûnyarûpa	*empty form*
Corps de Bouddha	*sans rgyas kyi sku*	kâya	*embodiments of an enlightened being*
Sceau symbolique	*phyag rgya*	mudrâ	*seal (see also hand gesture, symbolic)*
Grâce, bénédiction	*byin rlabs*		*blessing*
Grand Emerveillement	*sems hal po*		*great wonderment*
Véhicule universel	*theg pa chenpo*	mahâyâna	*Universal Vehicle*
Grande Perfection	*rdzogs chen*	mahâ-ati	*Great Perfection (Dzog-chen)*

FRANÇAIS	TIBÉTAIN	SANSCRIT	ANGLAIS
Grande vacuité	*stong pa chen po*	mahâ'sûnya	*great empty*
Identité intrinsèque (la forme)	*rang bzhin gyis grub pa'i ngo bo*	svarûpa	*intrinsic identity*
Identité personnelle	*bdag ; rang gi ngo bo nyid*		*self-identity*
Identité produite par elle-même	*bdag las skye ba'i ngo bo nyid*		*identity derived from self-production*
Identité qui se suffit à elle-même, indépendante	*rang skya thub pa'i ngo bo*		*self-sufficient identity*
Ignorance, illusion[100]	*ma rig pa*	avidyâ	*fundamental ignorance*
Initiation	*dbang*	abhiseka	*initiation*
Initiation de la sagesse et de la connaissance	*shes rab ye shes kyi dbang*		*Wisdom knowledge initiation*
Initiation du Vajra qui embrasse tout	*'dus pa rdor dbang*		*all-encompassing (or condensed) Vajra initiation*
Initiation du mot	*tshig dbang*		*word initiation*
Initiation du pouvoir	*nus pa'i dbang*		*potential initiation*
Initiation du vase	*bum pa'i dbang*		*vase initiation*

FRANÇAIS	TIBÉTAIN	SANSCRIT	ANGLAIS
Initiation secrète	*gsang dbang*		*secret initiation*
Kagyupa (une des principales écoles du bouddhisme tibétain ; transmission orale de la maîtrise)	*bka'rgyud*		*Kagyu*
Le corps arc-en-ciel	*mja'lus*		*rainbow body*
Les trois solitudes	*dben pa gsum*		*three isolations*
Libération totale de la souffrance (ne s'applique qu'au Bouddha)	*mya ngan las'das pa chen po*	paranirvâna	*paranirvâna*
Mandala	*dkyil'khor*	mandala	*mandala*
Manifestation de la compassion des Bouddhas	*sPyan ras gzigs*	Avalokite'svara	*Chenrezig*
Manifestation des Trois Corps[101] au sein de l'existence	*gzhi dus kyi sku gsum*		*three kâyas of the bases*
Mode de récitation courroucé du mantra	*khro bo'i bzlas pa*		*wrathful mantra repetition*

FRANÇAIS	TIBÉTAIN	SANSCRIT	ANGLAIS
Moine novice	*dge tshul*	'srâmanera	*novice monk*
Moine pleinement ordonné	*dge slong*	bhiksu	*fully ordained monk*
Monde de la forme	*gzugs khams*	rûpadhâtu	*form realm*
Monde du sans-forme	*gzugs med khams*	ârûpyadhâtu	*formless realm*
Nature intérieure, propre, caractère personnel. (Ne pas posséder de « nature propre » [svabhâvata] est une forme de vacuité constituant l'idée centrale de l'école des Madhyamaka)	*rang bzhin*	svabhâva	*nature*
Neuf Véhicules	*theg pa rim pa dgu*		*Nine Graded Vehicles*
Non conceptuel	*mi rtog pa*		*no-conceptually*
Non-identité (absence d'identité)	*ngo bo nyid med pa*		*identitylessness*
Nonne novice	*dge tshul ma*	'srâmanerikâ	*novice nun*

FRANÇAIS	TIBÉTAIN	SANSCRIT	ANGLAIS
Nonne pleinement ordonnée	*dge slong ma*	bhiksunî	*fully ordained nun*
Non-soi	*bdag med*		*selfless*
Octuple noble sentier[102]	*'phags lam yan lag brgyad*		*eightfold noble path*
Parèdre	*gshegs ma*		*dhyâni consort*
Perception directe	*mngon sum*	pratyaksa	*direct perception*
Perfection de la sagesse	*shes rab kyi pha rol tu phyin pa*	prajñâpâramitâ	*perfection of Wisdom*
Permission, autorisation	*rjes gnang*	anujñâ	*permission*
Véhicule individuel	*theg dman*	hinayâna	*Individual Vehicle*
Phénomènes manifestes	*mngon'gyur*		*manifest phenomena*
Phénomènes contaminés, souillés	*zag bcas kyi chos*		*contaminated phenomena*
Phénomènes désignés (attribués)	*kun btags*	parikalpana	*imputed phenomena*

FRANÇAIS	TIBÉTAIN	SANSCRIT	ANGLAIS
Phénomènes légèrement obscurs	*cung zad lhog gyur*		*slightly obscure phenomena*
Phénomènes parfaitement établis	*yongs grub*		*thoroughly established phenomena*
Phénomènes très obscurs	*shin tu lhog gyur*		*very obscure phenomena*
Pratiquant laïque (de sexe masculin)	*dge bsnyen*	upasâka	*male lay practitioner*
Pratiquante laïque (de sexe féminin)	*dge bsnyen ma*	upâsikâ	*female lay practitioner*
Pratique du saut direct	*thod brgal*		*leap-over practice*
Pratique spirituelle : moyen d'atteindre la réalisation, l'accomplissement	*sgrub thabs*	sâdhana	*means of attainment*
Principe d'efficacité (un des quatre principes)	*bya ba byed pa'i rigs pa*	kâryakara-nayukti	*principle of efficacy*

FRANÇAIS	TIBÉTAIN	SANSCRIT	ANGLAIS
Principe de dépendance (un des quatre principes)	*bltos pa'i rigs pa*	apeksâyukti	*principle of dependence*
Principe de la preuve valide (un des quatre principes)	*'thad pa'i rigs pa*	upapathisâd-dhanayukti	*principle of valid proof*
Principe de réalité (un des quatre principes)	*chos nyid kyi rigs pa*	dharmatâyulti	*principle of reality*
Pureté	*ka dag*		*purity*
Quatre abandons parfaits	*yongs dag spong ba bzhi*		*four complete abandonments*
Quatre attentions	*dran pa nyer bzhag bzhi*		*four mindfulness*
Quatre dépendances	*rton pa bzhi*		*four reliances*
Quatre facteurs des pouvoirs miraculeux	*rdzu'phrul gvi rkang pa bzhi*		*four factors of miraculous powers*
Quatre modes de compréhension	*tshul bzhi*		*four modes understanding*

FRANÇAIS	TIBÉTAIN	SANSCRIT	ANGLAIS
Quatre Nobles Vérités	*'phags pa'i bden pa bzhi*		*Four Noble Truths*
Quatre principes	*rigs pa bzhi*	yukti-catustayam	*four principles*
Quatre puretés parfaites	*yongs dag bzhi*		*four complete purities*
Quatre sceaux	*phyag rgya bzhi*		*four seals*
Quatre types de félicité	*dga'ba bzhi*		*four types of bliss*
Rayonnement intérieur du Dharmakâya	*ka dag nang gsal gyi chos sku*		*inner radiance Dharmakâya*
Récitation de l'engagement	*dam tshig gi bzlas pa*		*mantra repetition of commitment*
Récitation du mantra qui ressemble au mouvement du palanquin[103]	*khyogs kyi bzlas pa*		*palanquin-like mantra repetition*
Récitation vajra	*rdor bzlas*		*Vajra repetition*
Roi suprême des actes	*las rgyal mchog*		*supreme king of actions*
Roi suprême du mandala	*dkyil'khor rgyal mchog*		*supreme king of the mandala*

FRANÇAIS	TIBÉTAIN	SANSCRIT	ANGLAIS
Roue du Dharma concernant l'absence de caractéristiques intrinsèques	*mtshan nyid med pa'i khor*		*wheel of Dharma pertaining to the absence of intrinsic characteristics*
Roue du Dharma qui élucide clairement les distinctions	*legs par rnam parphye ba'i chos'khor*		*wheel of Dharma clearly elucidating the distinctions*
Samadhi de l'apparence de toute chose	*kun snang gi ting ngе'dzin*		*meditative stabilization of the appearance of all*
Samadhi de la telléité	*de kho na nyid kyiting ngе'dzin*		*meditative stabilization of suchness*
Samadhi des options en tant que cause	*rgyu'i ting ngе'dzin*		*causal meditative stabilization*
Luminosité spontanée extérieure du Sambhogakâya	*lhun grub phyi gsal gyilongs sku*		*outer radiance sambhogakâya*

FRANÇAIS	TIBÉTAIN	SANSCRIT	ANGLAIS
Sceau, signe, position du corps ou geste symbolique des mains	*phyag rgya*	mudrâ	*hand gesture, symbolic (See also seal)*
Sens définitif	*nges don*	nîthartha	*definitive*
Sens littéral	*yig don*		*literal meaning*
Sens ultime	*mthar thug gi don*		*ultimate meaning*
Sept branches du sentier de l'éveil	*byang chub yan lag bdun*		*seven branches of the path to enlightenment*
Signification cachée	*sbas don*		*hidden meaning*
Signification générale	*spyi don*		*general meaning*
Six paramètres (fondements)	*mtha'i drug*		*six parameters*
Six perfections	*phar phyin drug*		*six perfections*
Souffrance, malaise, mal-être, insatisfaction	*sdug bsngal ba*	duhkha	*suffering ; unsatisfactoriness*
Spontanéité	*lhun grub*		*spontaneity*

FRANÇAIS	TIBÉTAIN	SANSCRIT	ANGLAIS
Sujet à interprétation	*drang don*	neyârtha	*interpretable, interpretive*
Système de discipline de la libération individuelle	*so sor thar pa*	prâtimoksa	*discipline of individual liberation*
Phase d'achèvement, claire lumière fondamentale et non née	*rdzogs rim*		*completion stage*
Tantra de l'Action, de l'Activité	*bya rgyud*	kriyâtantra	*Action Tantra*
Tantra de la Conduite	*spyod rgyud*	caryâtantra	*Performance Tantra*
Tantra de la Conscience austère	*dka'thub rig byed kyi theg pa*		*tantras of austere awareness*
Tantra Mère	*ma rgyud*		*Mother Tantra*
Tantra de la Méthode, des Moyens	*thabs kyi rgyud*		*method tantra*
Tantra non duel	*gnyis med kyi rgyud*		*Non-Dual Tantra*

FRANÇAIS	TIBÉTAIN	SANSCRIT	ANGLAIS
Tantra suprême (phénomènes dépendants)	*gzhan dbang gyi chos*	paratantra	*dependent phenomena*
Tantra Yoga incomparable ou supérieur	*rnal'byor bla med kyi rgyud*	mahânuttarayo-gatantra	*Highest Yoga Tantra*
Tantra Résultat	*'bras ba'i rgyud*		*resultant tantra*
Tantra Père	*pha rgyud*		*Father Tantra*
La Voie du Milieu, de l'école Prâsangika	*dbu ma thal'gyur pa*	Madhyamaka-Prâsangika[104]	*Madhyamaka-Prâsangika*
La Voie du Milieu, de l'école Prâsangika	*dbu ma pa*	madhyamaka	*Middle Way proponent*
Traités, discours	*mdo*	sûtra	*sutra*
Transfert de la conscience	*'pho ba*		*transference of consciousness*
Transition vers un état supérieur, percée	*khregs chod*		*breakthrough*
Cycle de l'existence conditionnée	*'khor ba*	samsâra	*conditioned existence*

FRANÇAIS	TIBÉTAIN	SANSCRIT	ANGLAIS
Transmission de pouvoir (initiation)	*dbang*	abhiseka	*empowerment*
Transmission de pouvoir, initiation bienfaisante	*phan pa'i dbang*		*beneficial empowerment*
Très vide	*shintu stong pa*	ati'sûnya	*very empty*
Trois Corbeilles[105]	*sde snod gsum*	Tripitaka	*Three Baskets*
Trois entraînements supérieurs[106]	*lhag pa'i bslab pa gsum*		*Three higher trainings*
Trois samadhis (absorptions)	*ting nge'dzin gsum*		*three meditative stabilizations*
Sakya (une des quatre écoles principales du bouddhisme tibétain. Fondation monastique du Tibet, la troisième en date historiquement)	*sa skya*		*Sakya*
Une seule saveur	*ro gcig*		*one taste*
Union de la félicité et de la vacuité	*bden stong zung'jug*		*union of bliss and emptiness*

FRANÇAIS	TIBÉTAIN	SANSCRIT	ANGLAIS
Union des deux Vérités	*bden gnyis zung'jug*		*union of the two truths*
Vacuité	*stong pa nyid*	'sûnyatâ	*emptiness*
Vacuité totale	*thams cad stong pa*	sarva'sûnya	*complete empty*
Véhicule	*theg pa*	yâna	*vehicle*
Véhicule de l'auditeur	*nyan thos kyi theg pa*	'srâvakayâna	*Hearer's Vehicle*
Véhicule de la réalisation solitaire	*rang sang rgyas kyi theg pa*	pratyeka-buddhayanâ	*Solitary Realizer's Vehicle*
Véhicule des moyens de maîtrise	*dbang sgyur thabs kyi theg pa*		*vehicle of overpowering means*
Véhicule du Bouddha, la voie de Bouddha	*angs rgyas skyi theg pa*	buddhayâna	*Buddha's vehicle*
Véhicule du Diamant : bouddhisme tantrique (littér.)	*rdo rje theg pa*	Vajrayâna	*Vajra Vehicle (Vajrayâna)*
Véhicule du tantra	*rgyud theg pa*	tantrayâna	*Tantric Vehicle*
Vérité de la cessation	*'gog pa'i bden pa*		*true of cessation*

FRANÇAIS	TIBÉTAIN	SANSCRIT	ANGLAIS
Vide	*stong pa*	'sûnya	*empty*
Voie (et) But[107]	*lam'bras*		*Path-and-Fruition (lam-dre)*
Voie de la pureté	*Tshang pa'i theg pa*	brahmayâna	*Brahma vehicle*
Voie des Bodhisattvas	*byang sems kyi*	bodhisattvayâna *theg pa*	*Bodhisattva vehicle*
Voie large (grande voie)	*rgya che ba'i lam*		*vast path*
Voie profonde	*zab mo'i lam*		*profound path*
Yoga avec des signes	*mtshan bcas kyi rnal'byor*		*yoga with signs*
Yoga de la Déité	*lha'i rnal'byor rnal'byor*		*deity yoga*
Yoga du souffle	*rlung gi*	prânayoga	*yoga of wind*
Yoga sans signes	*mtshan med kyi rnal'byor*		*yoga without signs*
Yoga Tantra, le plus avancé des quatre formes du tantra bouddhique	*rnal'byor rgyud*	yogatantra	*Yoga Tantra*

Notes

1. *Opening The Eye of New Awareness* et *The Meaning of Life from a Buddhist Perspective. Le Sens de la vie*, éditions Dangles, 1996.

2. Par exemple, c'est le cas de la *Descente dans Lankâ Sûtra (Lankâvatâra-sûtra)*, l'un des sûtras les plus importants du Mahâyâna. Voir la traduction anglaise de D.T. Suzuki, *The Lankâvatâra Sûtra*.

3. Pour une approche plus détaillée des domaines de la forme et du sans-forme, comme des états méditatifs qui leur correspondent et qui permettent la naissance à ces différents domaines, se reporter à Lati Rinpoché, *Meditative States in Tibetan Buddhism*. Les principales sources indiennes traitant de ces sujets sont *Abhidharmasamuccaya* et *Srâvakabhûmi*, tous deux écrits par Asanga, et *Abhidharmakosa* de Vasubandhu.

4. En ce qui concerne la conduite de bodhicitta, voir chapitre 3 et, pour plus de précision, se référer à la discussion sur *lo-jong* et la formation du bodhisattva dans le chapitre 9.

5. Comme c'est le cas chez les érudits contemporains, on constate une divergence d'opinion au sein même de la tradition scolastique tibétaine quant à la date exacte de la naissance du Bouddha. On retiendra deux points de vue

parmi les plus notables : celui de Atîsa (le maître indien qui vint au Tibet au XIe siècle) et celui de Sâkya Pandita Kunga Gyaltsen (1182-1251). La position du premier ne diffère que sensiblement de celle du Pandit Sâkya Srî du Cachemire qui, comme l'a mentionné Sa Sainteté, s'accorde avec la position habituelle de la tradition Theravâda. De son point de vue, la naissance de Siddhârtha Gautama (comme on le nommait avant son éveil) eut lieu en 623 av. J.-C. et sa mort en 543. L'école occidentale moderne propose respectivement les dates de 563 av. J.-C. et 483, ce qui reporte d'une bonne soixantaine d'années. Si l'on se fie au calcul du Pandit Sâkya, le Bouddha serait né il y a plus de 3 000 ans.

6. Sarnath se situe près de Bénarès (Varanasi en langage moderne) dans la région d'Uttar Pradesh.

7. Il convient de préciser que les différents Tours de la Roue du Dharma ne correspondent pas, en règle générale, à des discours individuels prononcés lors d'occasions spécifiques. Ils constituent plutôt un cadre, une structure permettant de classer les enseignements du Bouddha en fonction du sujet traité et de l'approche philosophique qu'il a choisie pour ce faire. Cette méthode herméneutique consistant à distinguer entre les différents « tours » est d'une grande complexité. Très spécifique par ailleurs aux traditions du Mahâyâna, elle est assez controversée. Pour résumer, on peut dire que le premier discours du Bouddha au parc des Gazelles a mis en mouvement, a initié le mode d'enseignement que l'on connaît sous le nom : Premier Tour de la Roue du Dharma.

8. Ces trois instructions supérieures, décrites plus précisément dans le chapitre suivant, concernent l'éthique, la concentration et la sagesse. Elles sont appelées « instructions supérieures » (ou « entraînements supérieurs ») lorsqu'elles sont conjointes à la renonciation, l'intention véritable de se libérer du samsâra – le cycle perpétuel de l'existence conditionnée et non satisfaisante (parfois traduit par « cycle de continuité ») *(N.d.T.)*.

9. Les Trois Joyaux du bouddhisme sont : 1. Le Joyau de Bouddha, le maître éveillé ou son propre futur état d'éveil ; 2. Le Joyau du Dharma (de la loi), les enseignements et les réalisations qui mènent au bonheur, à la libération et à l'éveil ; 3. Le Joyau de Sangha, la communauté spirituelle de ceux qui sont fermement établis dans la voie bouddhiste.

10. Les Dix Préceptes sont détaillés dans *La Lumière du Dharma* de Sa Sainteté le Dalaï-Lama (Pocket, L'Age d'Etre) dont nous avons repris parfois la nomenclature. S.S. y explique également l'étymologie de *prâtimoksa* qui s'énonce ainsi : *prâti* : sortir de, éliminer, s'applique à la souffrance. L'action de sortir de la souffrance mène ceux qui suivent ces préceptes à *moksa*, la liberté, ou nirvâna. *(N.d.T.)*

11. Les dix-huit sous-écoles de Vaibhâsika sont toutes issues de deux écoles originales : Mahâsamgikas et Sthâviras. Pour avoir un résumé des deux énumérations possibles en dix-huit points, il faut se reporter à Jeffrey Hopkins, *Meditation on Emptiness*, pages 713-719. Il faut noter par ailleurs que Bhâvaviveka fait mention de trois points de vue différents concernant cette division dans son *Tarkajvâlâ*, lesquels sont cités par Changkya Rolpai Dorje dans *Presentation of Philosophical Systems : The Ornament Beautifying the Buddha's Doctrine*, pages 73-75.

12. La méditation absorbante embrasse de nombreux états méditatifs, comme l'absorption de la forme et des états. La méditation absorbante de la forme se distingue par le fondement de ses différentes branches comme par les considérations qui les caractérisent, tandis que les états absorbant le sans-forme diffèrent par l'objet particulier de cette absorption. On trouvera un résumé des différences existant entre les quatre états de la forme et les quatre états de sans-forme dans Lati Rinpoché, *Meditative States in Tibetan Buddhism*, pages 128-133.
Le lecteur français se reportera au chapitre « Entraînement à la conscience supérieure » de *La Lumière du*

Dharma (Pocket, L'Age d'Etre), où Sa Sainteté explicite *dhyâna rûpa* et *arûpa*, c'est-à-dire les *dhyânas* (méditations) qui appartiennent au monde de Rupadhatu (le monde des formes pures et subtiles), et les *dhyânas* qui appartiennent à Arûpadhâtu (le monde du sans-forme), deux « états célestes » *(N.d.T.)*.

13. Dans son *Abhidharmakosa*, chapitre 6, sloka 15, Vasubandhu affirme que la méditation sur l'attention au corps, aux sensations, à l'esprit et aux phénomènes constitue la contemplation méditative sur les quatre caractéristiques de l'existence conditionnée (telles qu'elles sont explicitées en relation avec les Quatre Nobles Vérités). Il s'agit de l'impermanence, de la souffrance *(duhkha)*, de la vacuité et de l'altruisme (compassion). Chacune d'elles a pour corollaire l'élimination de fausses interprétations spécifiques qui empêchent et contredisent leur correcte reconnaissance (« inversions »). La contemplation de la nature impure des substances corporelles élimine la fausse interprétation que nous avons du corps comme étant propre et désirable ; l'attention que l'on porte à la nature insatisfaisante des sensations contrarie l'attachement que l'on pourrait avoir à celles qui sont agréables ; l'attention portée à la nature momentanée, impermanente, de l'esprit va à l'encontre de l'idée que l'on pourrait se faire d'un « ego » durable ; quant à la contemplation attentive des phénomènes, elle porte un coup fatal à l'idée qu'ils sont des entités possédant une identité. Maitreya fait mention des quatre attentions correspondant à chacune des Quatre Nobles Vérités dans son *Madhyântavibhâga*, chapitre 4, sloka 1. Si ce sont le corps, les sensations, l'esprit et les phénomènes qui sont choisis pour une contemplation profonde, c'est parce qu'ils sont les principaux éléments formant la base de notre « étreinte » par laquelle l'être humain s'agrippe à l'ego et aux états trompeurs induits par cette ignorance. Une explication concise des quatre attentions fondée sur les deux traités cités précédemment se trouve dans la seconde partie de l'ouvrage de Tsonkhapa, *Golden Rosary of True Eloquence : An Exten-*

sive Exposition of the Abhisamayâlamkâra and Its Commentary, vol. *tsha* (18), folios 19b-21a.

14. Le Pic des Vautours correspond dans la littérature populaire à un site de colline à Rajghir dans l'État de Bihar de l'Inde moderne.

15. La plupart de ces sûtras ont été traduits en anglais par Edward Conze.

16. Pour plus de précision concernant les quatre confiances, voir la traduction de Robert Thurman, *The Central Philosophy of Tibet, a Study and Translation of Jey Tsong Khapa's Essence of True Eloquence,* pages 113-130, ainsi que Hopkins, *Meditation on Emptiness,* page 425.

17. C'est l'un des slokas les plus fréquemment cités du Bouddha. A ma connaissance, on ne trouve ce sloka dans aucun sûtra de la traduction tibétaine des paroles du Bouddha, ou *Kangyur (Kang' 'yur).* Les commentateurs tibétains l'ont extrait de *Vimalaprabhâ,* le célèbre commentaire de Kulika Pundarîka sur le *Kâlacakra Tantra.* Cependant Thurman affirme que l'on trouve ce sloka dans le canon pâli ainsi que dans une version sanscrite donnée dans l'édition de D. Shastri, *Tattvasamgraha.* Voir à ce sujet le livre de Thurman, *The Central Philosophy of Tibet,* page 190, note 12.

18. Cet ensemble d'hymnes comprend : 1. *Nirupamastava* ; 2. *Dharmadhâtustotra* ; 3. *Acintyastava* ; 4. *Cittavajrastava* ; 5. *Lokâtitastava* ; 6. *Kâyatrayastotra* ; et 7. *Stutyatitastava.*

19. Il existe trois traductions anglaises de cet important ouvrage : E. Obermiller, *Sublime Science of the Great Vehicle to Salvation* ; J. Takasaki, *A Study on the Ratnagotravibhâga* ; et *The Changeless Nature,* traduit du tibétain par Ken et Katia Holmes.

20. La traduction que je donne ici se fonde sur celle d'Herbert Guenther qui l'a transcrite du tibétain dans *Life and*

Teachings of Naropa, page 120, tout en y apportant une légère modification.

21. Voir également la troisième partie, le chapitre sur le Tantra Yoga supérieur.

22. « Douloureuses, les choses composées sont également vides, c'est-à-dire privées de tout élément stable auquel on puisse s'agripper, sur lequel on puisse construire un bonheur éternel à l'abri des perpétuelles vicissitudes de l'existence », André Bareau, *En suivant Bouddha (N.d. T.).*

23. *Madhyamakâvatâra*, chapitre 6, sloka 131. Traduction anglaise de C.W. Huntington, Jr., *The Emptiness of Emptiness*, page 173.

24. Les douze anneaux de la chaîne de l'interdépendance ou naissance dépendante sont : l'ignorance, l'action, la conscience, les noms et la forme, les sources, le contact, les sensations, l'attachement, la saisie (l'attachement), le devenir, la naissance, la vieillesse et la mort. On trouvera une étude plus approfondie des douze anneaux dans le Dalaï-Lama, *The Meaning of Life from a Buddhist Perspective* (chapitres 1 et 2), de même que dans Pabongka Rinpoché, *Liberation in the Palm of Your Hand*, pages 506-534.

25. Chapitre 3, sloka 28b.

26. Chapitre 7.

27. *Le Sûtra du Plant de Riz (Sâlistambhasûtra)*, page 303.

28. Voir la traduction anglaise d'Edward Conze, *Perfect Wisdom : The Short Prajnâpâramitâ Texts.*

29. On trouvera des informations complémentaires sur l'origine de l'école Jonangpa (la principale école défendant le point de vue Shen-tong) ainsi qu'une introduction concise aux querelles que se livrent les érudits tibétains en ce domaine dans Paul Williams, *Mahâyâna Buddhism*, pages 96-109. Quant à Thuken Chökyi Nyima, dans *Crystal Mirror of Philosophical Systems*, pages 218-219, il donne la liste

de neuf sûtras cités par les adeptes de Shen-tong comme les sûtras essentiels. En voici la liste : *Tathâgatagarbhasûtra, Jnânâlokâlamkârasûtra, Srîmâlâdevîsimhanâda, Mahâparinirvânasûtra, Avatamsakasûtra, Ratnakûtasûtra, Mahâbherîhârakaparivartasûtra, Suvarnaprabhâsasûtra* et *'Phel ba dang'grib pa med par bstan pa'i mdo.*

30. Certains des synonymes utilisés dans les sûtras de la sagesse sont : vacuité ultime, vide de la nature, vacuité de ce qui est au-delà des extrêmes, etc. On trouve ces synonymes dans les écrits Mahâyâna où la vacuité est présentée selon différentes classifications, de 4, 16, 18, 20 vacuités. Voir *Madhyamakâvatâra*, chapitre 6, slokas 179-223, et dans Huntington, Jr., pages 179-183, pour la traduction anglaise. Voir encore Geshe Rabten, *Echoes of Voidness*, pages 85-91.

31. Sa Sainteté fait référence à un système particulier de classification de toute la réalité existante que l'on trouve dans les écrits de la Perfection de la Sagesse. La liste commence par les cinq agrégats, le premier d'entre eux étant la forme, le dernier l'omniscience. Par conséquent, l'expression « de la forme à l'omniscience » est synonyme de « tous les phénomènes » ou de « toutes les choses et les événements ».

32. *Mûlamadhyamakakârikâ*, chapitre 24, sloka 19, pour une traduction anglaise, voir F. Streng, *Emptiness : A Study in Religious Meaning*, page 213.

33. *Ibidem*, chapitre 24, sloka 14. Streng, page 213.

34. On trouvera une traduction du *Prasannapadâ* de Candrakîrti dans M. Sprung, *Lucid Exposition of the Middle Way.*

35. L'une des toutes premières présentations de cette analyse en quatre volets se trouve dans le *Sûtra expliquant clairement la Pensée du Bouddha*, l'un des textes essentiels du bouddhisme herméneutique du Mahâyâna. On trouvera une exposition plus claire de ces principes, fondée sur le sûtra en question, dans l'ouvrage d'Asanga *Abhidharmasamuccaya* et dans les commentaires qui l'accompagnent.

Pour une analyse contemporaine de ce sujet, lire Matthew Kapstein, « Mipham's Theory of Interpretation » dans *Buddhist Hermeneutics,* Donald Lopez, Jr., éd., pages 152-161.

36. Voir à ce sujet Tsonkhapa, *Great Exposition of the Stages of Path,* vol. *pa* (13), page 13, folio 405a.

37. Sloka 12.

38. Plusieurs traductions françaises existent : *La Marche vers l'éveil,* éd. Padmaharu ; *Vivre en héros pour l'éveil,* Le Seuil.

39. Chapitre 4, slokas 28 et 29. Toutes les citations du *Bodhicaryâvatâra* sont fondées sur la traduction qu'en a faite Stephen Batchelor, et que nous avons légèrement modifiée lorsque c'était nécessaire.

40. Chapitre 4, slokas 30 et 31.

41. Chapitre 4, sloka 33.

42. Chapitre 4, sloka 46.

43. Chapitre 6, sloka 7.

44. Chapitre 6, sloka 39.

45. Il existe une traduction partielle de cet ouvrage, du sanscrit en langue anglaise, par Giuseppe Tucci, 1934 et 1936. Le livre du Dalaï-Lama, *The Buddhism of Tibet,* contient une traduction anglaise complète du *Ratnâvali* élaborée directement du tibétain par Lati Rinpoché et Jeffrey Hopkins, sous le titre « *The Precious Garland of Advice for the King* ».

46. Pour plus de détails sur cette pratique, voir l'ouvrage du Dalaï-Lama, *Path to Bliss,* pages 61-74. (Traduction française à paraître en octobre 1996 aux éditions Ramsay.)

47. Quant à la conjoncture historique au sein de laquelle les enseignements tantriques en général – et le *Kâlacakra Tantra* en particulier – ont évolué, les opinions divergent parmi les érudits tibétains. Une école de pensée prétend qu'ils furent d'abord donnés par le Bouddha un jour de

pleine lune un an après son parfait éveil. Un autre point de vue soutient qu'ils furent transmis un mois avant son *parinirvâna*. Lors de ses conférences, Sa Sainteté laisse entendre qu'il trouve plus cohérente cette deuxième version dans la mesure surtout où la *Roue du Tantra de Kâlacakra (Srîkâlacakranâmatantrarâja)* affirme :

Comme le mode de la Perfection de la Sagesse
[Fut enseigné] par le Maître au Pic des Vautours,
Ainsi fut transmise à Srî Dhânyakataka
La voie du Mantra Secret.

(Ce vers est cité par Butön dans son *History of Kâlacakra*, vol. *nga* (4), folio 12b. George Roerich, dans la traduction qu'il fit de l'ouvrage de Gö Lotsawa Shönu Pal, *The Blue Annals*, identifie Dhânyakataka comme Amarâvatî dans le Sattenpalle Taluk du district de Guntur, qui est maintenant l'État d'Andra Pradesh, dans l'Inde du Sud. Voir *The Blue Annals*, page 754, note 1.)
Des deux versions proposées ci-dessus, la seconde recueille les faveurs de la plupart des érudits tibétains traditionnels. Cependant, dans son *History of Kâlacakra* (folio 13a), Butön la réfute catégoriquement. Pour en savoir plus, tant sur cette querelle que sur l'extension de la pratique de kâlacakra au Tibet, voir l'ouvrage du Dalaï-Lama et de Jeffrey Hopkins, *Kâlacakra Tantra, Rite of Initiation*, chapitre 5, pages 59-65.

48. On trouve un exemple de la première de ces trois méthodes dans le *Guhyasamâja Tantra* où la principale technique méditative permettant l'accession aux niveaux subtils de la claire lumière est le prânayoga. Il y est fait référence à une série spécifique de pratiques qui entraînent essentiellement l'utilisation judicieuse des *prânas* (les énergies vitales ou souffles ou « vents ») à des points critiques du canal central (de la *kundalini* le long de la colonne vertébrale). Quant au deuxième type de méthode, les pratiques de *Cakrasamvara Tantra* en sont des exemples classiques : on met surtout l'accent sur la génération des quatre types de félicité, ce qui est, semble-

t-il, une des principales caractéristiques des Tantras Mère. La troisième méthode se réfère quant à elle à la pratique méditative de Dzogchen dans laquelle l'accent est mis sur la nécessité de cultiver la non-conception. Je me souviens avoir entendu Sa Sainteté affirmer lors d'un enseignement public à Dharamsala en Inde qu'il fondait cette observation – des trois approches différentes du Tantra Yoga supérieur – sur des commentaires variés qu'il avait trouvés dans les écrits des maîtres Gelugpa, Khedup Norsang Gyatso (1423-1513) et Changkya Rolpai Dorje (1717-1786).

49. Dans la littérature tibétaine tantrique, il existe un nombre varié de textes qui sont associés aux trois principaux aspects de Guhyasamâja, lesquels sont : Aksobhya Guhyasamâja de l'école Arya, Manjusrîvajra de l'école Jnânapâda, et Lokitesvara Guhyasamâja qui se place sous la houlette des deux premières. Un rapport détaillé de ces trois lignées se trouve dans l'ouvrage de Tsonkhapa, *Lamp Brilliantly Illuminating the Five Stages*, vol. *ja* (7), folio 21b. Soulignons que les pratiques liées à Aksobhya Guhyasamâja de l'école Arya prédominent au Tibet.

50. Ici, le terme *bodhicitta* fait référence à une substance subtile d'ordre physiologique, que l'on trouve, selon le tantra, dans tout le corps. Le terme s'applique à un large champ d'éléments comprenant les fluides de régénération tant de l'homme que de la femme. Lorsqu'ils sont en « fusion », cette substance essentielle traverse les canaux psychiques pour converger vers certains points vitaux du corps. C'est pour cette raison que l'expérience tantrique de la félicité est directement associée au flux et à la fusion de cette substance essentielle. Par opposition, au sein du système des sûtras, bodhicitta fait référence à l'esprit de l'éveil, c'est-à-dire à l'esprit qui aspire de façon authentique à l'éveil parfait pour le bien d'autrui.

51. On trouvera un développement sur la division en neuf parties des Véhicules chez Dudjom Rinpoché, *The Nyingma School of Tibetan Buddhism*, vol. 1, livre 1.

52. Si l'on veut être précis, le matériau utilisé pour cette sorte de mandala est en fait des pierres de quartz pulvérisé que l'on teint selon une méthode traditionnelle. La transmission de pouvoir de kâlacakra est l'exemple typique où la création de ce type de mandala est nécessaire à l'accomplissement de la cérémonie. On trouvera une description du mandala de kâlacakra ainsi que l'explication du symbolisme de ses différentes parties dans l'ouvrage du Dalaï-Lama et de Jeffrey Hopkins, *The Kâlacakra Tantra*, chapitre 6, pages 67-91. Le terme tibétain *kyil-khor* sous-entend rondeur et plénitude tandis que le mot sanscrit *mandala* suggère qu'il faut extraire l'essence. Au sein de la pratique (sâdhana) d'une divinité tantrique, ce qui est ici le cas, le terme renvoie au symbole cosmique de l'univers. Bien qu'il fasse référence à une œuvre d'art créée, le mandala authentique est l'image visualisée de la résidence céleste de la divinité que votre propre méditation a générée. Cette résidence est conçue au sein même de la sphère de la vacuité. Elle est en fin de compte l'essence de la sagesse divine de la divinité elle-même, sagesse divine qui, à son tour, est inséparable de l'esprit de claire lumière, le plus subtil, du pratiquant. De ce fait, il n'y a aucune distinction sujet-objet.

53. Voir chapitre 2, la définition précise de *prâtimoksa.*

54. Kongtrul Yönten Gyatso, dans son *Treasury of Encyclopedic Knowledge,* vol. 2, page 11, cite également un sloka du *Yantra Racine de Kâlacakra* affirmant la même chose. Mais, malgré tous mes efforts, je n'ai pas pu situer ce sloka dans la version tibétaine du Tantra Racine.

55. Voir à ce sujet le Dalaï-Lama, *Path to Bliss*, page 181.

56. *Gurupancâsikâ*, sloka 7.

57. Page 5255, vol. 96, page 416.

58. On trouvera leur description dans les sâdhanas des divinités de la méditation appartenant au Tantra Yoga supérieur. Je n'en ai pas fait la liste moi-même comme le recommandent les préceptes tantriques.

59. On trouvera des exemples dans l'ouvrage de Vasubandhu, *Abhidharmakosa*, chapitre 4, sloka 109.

60. Pour mieux approfondir la signification des termes techniques Action et Conduite, comme les états méditatifs qui leur correspondent, voir l'ouvrage du Dalaï-Lama, *Heart of Mantra,* et un passage de celui de Tsonkhapa, *Great Exposition of Secret Mantra,* dans *The Yoga of Tibet* de Jeffrey Hopkins.

61. Chapitre 8, sloka 16.

62. Dans le *Yoga of Tibet,* de Jeffrey Hopkins, on peut trouver des photographies des principaux gestes symboliques des mains ou mudrâs tels qu'on les accomplit au sein des rituels des Tantras de l'Action et de la Conduite.

63. *Sâdhana* (littéralement « moyens pour parvenir à la pratique ») fait référence ici au manuel de méditation qui souligne les éléments clés de la pratique du Yoga de la Déité. Dans la plupart des cas, il comporte les textes qui décrivent le déroulement du rituel pour que le méditant puisse s'autogénérer en la divinité qui convient. On y trouve les pratiques préliminaires comme les prières qui invoquent l'inspiration des maîtres de la lignée du tantra en question, une forme de dissolution dans la vacuité, l'émergence sous la forme de la divinité issue de la sphère de la vacuité avec la visualisation du mandala, une méditation spécifique pour développer la fierté adamantine du méditant et la perception de la divinité, la répétition du mantra et les pratiques qui concluent le rituel.

64. Les moyens de réalisation que l'on appelle « Toute Bonté » *(Samantabhadranâmasâdhana).*

65. Voir chapitre suivant.

66. On trouvera une énumération différente dans Lati Rinpoché et Jeffrey Hopkins, *Death, Intermediate State and Rebirth in Tibetan Buddhism*, page 30.

67. On trouve des énumérations différentes des kâyas – ou manifestations d'un être réalisé – en fonction du contexte

dans lequel elles interviennent. On trouve ainsi des subdivisions par deux (le Corps de Vérité et le Corps Forme), par trois (le Corps de Vérité, le Corps de Parfaite Jouissance, le Corps d'Emanation) et par quatre (le Corps de la Nature, le Corps de la Sagesse, le Corps de Parfaite Jouissance, et le Corps d'Emanation). On trouve même jusqu'à cinq kâyas dans le tantra, cinquième kâya appelé le Corps co-émergent qui vient s'ajouter à la liste originale de quatre. Telle est au moins la version que propose le système d'énumération que l'on trouve dans le *Tantra de l'Expression Parfaite du Nom de Manjusrî.* Mais on peut en trouver d'autres proposant cinq kâyas dans le tantra.

68. « Les souillures sont fortuites [accidentelles] et les qualités positives lui sont naturellement inhérentes », extrait d'*Uttaratantra*, chapitre 1, sloka 51.

69. « Demeurant dans la méditation de l'illusion, [je perçois] toute chose de la même façon », cité par Tsonkhapa, *Lamp Brilliantly Illuminating the Five Stages,* vol. *ja* (7), folio 210b.

70. Dudjom Rinpoché décrit la percée *(breakthrough)* comme l'une des deux voies menant au plein accomplissement de l'intelligence primitive, l'autre étant le franchissement, le saut direct *(leap-over).* Il la définit en ces termes : « La percée *(khregs chod)* est orientée vers la vacuité ou la conscience pure primordiale sans élaboration conceptuelle, et cause ainsi la cessation des phénomènes ; quant au saut direct *(thod rgal),* il clarifie l'aspect apparent ou les objets concrets en un rayonnement intérieur d'une façon instantanée et spontanée et cause la cessation de la réalité apparente. » Voir *The Nyingma School of Tibetan Buddhism,* vol. 1, pages 334-345. La traduction que l'on donne ici est fondée sur celle de Gyurme Dorje à laquelle nous avons apporté quelques légères modifications.

71. Comme Sa Sainteté le signale plus loin, le principal tantra où l'on trouve les explications de ces clés d'interprétation est le *Recueil de la Sagesse du Vajra.* On trouvera un

commentaire détaillé de ce texte herméneutique essentiel dans l'ouvrage de Tsonkhapa, *Exposition of Wisdom Vajra Compendium*, vol. *ca* (5). Pour une vision contemporaine de ce texte et du commentaire précité, se reporter à Robert Thurman, « Vajra Hermeneutics », dans *Buddhist Hermeneutics,* Donald Lopez, Jr., éd., pages 119-148.

72. Pour plus de détails sur ces trois étapes et le processus de dissolution en général, se reporter à *Death, Intermediate State and Rebirth,* pages 32-45.

73. *Pradîpoddyotananâmatikâ*, chapitre 1, sloka d'ouverture. Parvenue à ce moment de sa conférence, Sa Sainteté mentionne le fait suivant : du fait du renom de Candrakîrti, il y a un proverbe tibétain qui dit : « Comme il y a le soleil et la lune dans le ciel, sur la terre il y a les deux clartés », lesquelles sont les textes de Candrakîrti : *Pradîpoddyotananâmatikâ* et *Prasannapadâ*, ce dernier étant un commentaire de l'ouvrage de Nâgârjuna, *Mûlamadhyamakakârikâ*. Les titres tibétains contiennent dans les deux cas le terme *gsal* qui signifie clair, irradiant.

74. *Pradîpoddyotana*, chapitre 1, slokas 2-4. Les cinq étapes telles que Candrakîrti les énumère dans ce passage sont : 1. l'étape de Génération ; 2. l'isolation de l'esprit ; 3. le corps illusoire ; 4. la claire lumière ; 5. l'union. Les initiations correspondantes sont : 1. l'initiation du vase ; 2. l'initiation secrète (pour les étapes 2 et 3) ; 3. l'initiation de la connaissance de la sagesse (pour l'étape 4) ; et 4. l'initation du verbe (pour l'étape 5).

75. Un exemple de pratique utilisant cette distinction entre détenteurs du vajra au plan de la cause et au plan du résultat est l'aspect solitaire de Yamântaka Vajrabhairava. Le *détenteur du Vajra* est un nom technique qui se rapporte à la forme manifestée parfaite qui émerge de l'état méditatif d'un sâdhaka tantrique. Dans d'autres tantras, on y fait référence sous le terme Vajradhara.

76. Ceci se rapporte aux cinq principaux stades du processus de génération en la divinité de la méditation :

1. clarification par la telléité ; 2. clarification par la lune ; 3. clarification par la graine (syllabe) ; 4. clarification par le symbole ; et 5. clarification par la pleine émergence dans le corps exalté.

77. Pour une étude systématique des différents niveaux de l'étape de création du Tantra Yoga supérieur, voir la présentation que propose Ngawang Palden traduite par Daniel Cozort dans *Highest Yoga Tantra*, pages 48-52.

78. Ce sont la couronne, la gorge, le cœur, le nombril et la région secrète. Pour une description précise des trois principaux canaux et des centres d'énergie qui les jalonnent, se reporter à Geshe Kelsang Gyatso, *Clear Light of Bliss*, pages 17-24.

79. Page 760.13, vol. 23, page 97.

80. Les cinq souffles vitaux majeurs, ou racines, ou « vents » majeurs sont : le souffle vers l'avant ou souffle de devant *(prâna),* le souffle qui va vers le bas *(apâna),* le souffle concentré *(samanâ),* le souffle diffusé partout *(vyâna),* le souffle de la poussée ascendante *(udâna).* Les cinq souffles vitaux ou « vents » mineurs sont : le souffle en mouvement, le souffle du mouvement intense, le souffle du mouvement parfait, le souffle du mouvement fort, le souffle du mouvement précis. Pour de plus amples détails sur les descriptions, les couleurs, les lieux et les fonctions spécifiques, voir Geshe Kelsang Gyatso, *Clear Light of Bliss*, pages 24-32.

81. Le texte original dit ici *drop*, ce qui est la traduction littérale d'une notion fondamentale : en tibétain, *thig-le*, prononcé « tiglé », en sanscrit *bindu*, littéralement point, goutte : il s'agit de l'essence la plus subtile de la vitalité, de l'énergie en mouvement dans le corps. La maîtrise du souffle *(prana/rwug)* dans les canaux subtils *(nadi/rtsa)* permet la maîtrise de cette essence subtile *(N.d.T.)*.

82. Ceci se rapporte à une technique méditative unique, spécifique au *Kâlacakra Tantra*, au cours de laquelle le corps physique du pratiquant se décorpore, se dématéria-

lise. Le terme « forme vide » indique que le yogi épure son corps à tel point que sa nature transcende sa « corporéité », son état d'incorporation dans la matière habituelle. On trouvera une étude concise mais riche d'enseignement sur cette pratique spécifique dans l'ouvrage de Ngawang Palden, *Presentation of The Grounds and Paths of the Four Great Secret Tantra Classes*. Voir aussi Daniel Cozort, *Highest Yoga Tantra*, pages 121-131. Un cliché a été pris d'une décorporation en cours que l'on trouve dans le livre récent de Ken Holmes sur le XVIIe Karmapa *(N.d.T.)*.

83. Pour une étude détaillée des neuf mélanges, voir Geshe Kelsang Gyatso, *Clear Light of Bliss*, pages 100-121.

84. On trouvera une courte étude sur ce sujet dans l'ouvrage de Garma C. C. Chang, *Teachings of Tibetan Yoga*, pages 111-115.

85. Les six yogas sont : la chaleur intérieure, le corps illusoire, le yoga du rêve, celui de la claire lumière, celui de l'état intermédiaire et celui du transfert de conscience. Une autre énumération place la résurrection à la place du yoga de l'état intermédiaire. Tsonkhapa, le fondateur de la tradition Gelugpa, a produit un commentaire sur les six yogas appelé : *A Commentary on the Profound Path of the Six Yogas of Naropa Endowed with Three Convictions*, vol. *ta* (9), dans *Collected Works.*

86. Chapitre 3, sloka 11.

87. Chapitre 1, slokas 20-21.

88. Dodrup Jigme Tenpai Nyima, *Miscellaneous Works on Great Perfection*, page 203, dans *Collected Works*, vol. *ca* (5).

89. Sa Sainteté fait probablement référence ici à l'ouvrage de Longchepa, *Treasury of the Expanse of Reality.*

90. Cette affirmation est généralement attribuée à Sakya Pandita Hunga Gyaltsen.

91. *Dhyâni consort (gshegs ma)* : parèdre.

92. Voir le Deuxième Tour de la Roue du Dharma.

93. Troisième partie du Tripitaka consacrée aux règles de vie des moines et des nonnes au sein de leurs communautés.

94. Voir *La Lumière du Dharma,* page 40.

95. Voir chapitre 7, première partie. Pour des renseignements plus précis sur les différentes écoles, se référer à *L'Idéalisme et la Voie du Milieu,* éd. Dharma.

96. Branche du bouddhisme Hînayâna, pour qui l'existence d'une conscience supérieure constitue la base de la vie humaine et demeurerait de réincarnation en réincarnation. Cette conception de la permanence de la conscience influença l'école Yogâcara.

97. Tantra : « chaîne » (de tissu), continuité, nom des enseignements et pratiques qui permettent de s'inscrire et se réinsérer directement dans la continuité de la pure nature de l'esprit.

98. Enseignement sur la vacuité, caractéristique d'une des deux écoles majeures du bouddhisme Mahâyâna.

99. « Au-delà de la souffrance », libération de la souffrance. S'applique aux Bodhisattvas (Sravakas, Pratyekabouddha).

100. Avidyâ est le premier stade de la production conditionnée (Pratîtya-Samutpâda) qui enchaîne l'individu au samsâra.

101. Trikâya : « les trois corps », terme désignant les trois corps réalisés par un Bouddha selon la conception mahâyâniste. Les trois corps sont : Dharmakâya, Sambhogakâya et Nirmânakâya. Le *Dictionnaire de la Sagesse orientale* propose le schéma ci-dessous pour mettre en lumière les liens qui unissent ces éléments (page 133) :

Réalité immédiate	*Méthode*	*Réalité suprême*
Corps	Mudrâ	Nirmânakâya
Parole	Mantra	Sambhogakâya
Esprit	Samâdhi	Dharmakâya

102. Les huit points qui constituent la voie que le Bouddha propose pour parvenir à l'éveil et se libérer de la souffrance universelle. Enoncés dans la quatrième des Quatre Nobles Vérités, ce sont : compréhension juste, pensée juste, parole juste, action juste, moyens d'existence justes, effort juste, attention juste et concentration juste.

103. La récitation du mantra se fait de la même manière ondulante qu'un palanquin en mouvement.

104. Prâsangika : une des écoles de pensée du Madhyamaka, Voie du Milieu.

105. Canon ancien des écritures bouddhiques divisé en trois parties : le Vinayapitaka (règles de discipline), le Sûtrapitaka (les paroles du Bouddha), l'abhidharmapitaka (philosophie et psychologie du bouddhisme).

106. Les trois entraînements : l'entraînement à la vertu supérieure, à la concentration supérieure, à la sagesse supérieure.

107. Enseignement de l'école Sakyapa du Vajrâyâna consistant à voir le but du chemin dans le chemin lui-même.

Bibliographie

Au loin la Liberté, Dalaï-Lama, éd. Fayard, 1990.

L'Enseignement du Bouddha, Walpola Rahula, Seuil/Point Sagesses, 1978.

La Méditation, Bokar Rinpoché, Claire Lumière, 1992.

La Nature de Bouddha, Jamgon Kongtrul, Publications Kunchab, 1993.

Le Zen dans l'art chevaleresque du tir à l'arc, E. Herrigel, Dervy Livres.

Introduction au bouddhisme, Lama Karta, Publications Kunchab, 1994.

La Sagesse du Bouddha, J. Boisselier, Découvertes/Gallimard, 1993.

Pour comprendre le bouddhisme, Samuel Bercholz et Sherab Chödzin Khon, L'Age d'Etre, Pocket, 1995.

La Bhagavad Gîtâ, traduit du sanscrit par Anne-Marie Esnoul et Olivier Lacombe, Seuil/Point Sagesses, 1976.

Pratique de la voie tibétaine, Chögyam Trungpa, Seuil/Point Sagesses, 1976.

La Voie du Bouddha, Kalou Rinpoché, Seuil/Point Sagesses.

Né au Tibet, Chögyam Trungpa, Seuil/Point Sagesses, 1991.

Instructions fondamentales (introduction au bouddhisme Vajrâyâna), Kalou Rinpoché, Albin Michel/Spiritualités vivantes, 1989.

La Lumière du Dharma, Dalaï-Lama, L'Age d'Etre, Pocket, 1995.

Les Fleurs de Bouddha, P. Crépon, Albin Michel/Spiritualités vivantes, 1991.

Le bouddhisme du Bouddha, A.D. Neel, Pocket, 1994.

En suivant Bouddha, A. Bareau, éd. Philippe Lebaud, 1985.

Claire Lumière de Félicité, Dharma, 1986.

Tantrisme, P. Feuga, Dangles, 1994.

L'Art de dresser le tigre intérieur, Dharma-Arya Akong Toulkou Rinpoché, Sand, 1991.

Le Livre tibétain de la Vie et de la Mort, Sogyal Rinpoché, La Table Ronde, 1993.

Le Livre tibétain de la grande libération, W.Y. Evans Wentz, éd. Adyar, 1991.

Chakras, centres d'énergie et de transformation, Harish Johari, Entrelacs,1994.

Anthologie de la non-dualité, Véronique Loiseleur, La Table Ronde, 1981.

SOUS FORME DE DICTIONNAIRES

DES PRINCIPALES NOTIONS

Le Bouddhisme et la spiritualité orientale, P. Crépon, L'Age d'Etre, Pocket, 1994.

Dictionnaire de la Sagesse orientale, Robert Laffont/Bouquins.

Petit Lexique du bouddhisme tibétain, Tchenky Sengué, Claire Lumière, 1991.

CET OUVRAGE A ÉTÉ ACHEVÉ D'IMPRIMER
SUR ROTO-PAGE PAR L'IMPRIMERIE FLOCH
À MAYENNE (MAYENNE) EN NOVEMBRE 1996
POUR LE COMPTE DES ÉDITIONS DE
LA TABLE RONDE.

Dépôt légal : novembre 1996.
N° d'édition : 2854.
N° d'impression : 40574.

Juin 99

- Loupe → Survie
- Supports broche

Imprimé en France.